D1663443

Ecker
Zuhause im eigenen Körper

Für Jürgen

Sabine Ecker

Zuhause im eigenen Körper

Strategien für eine lebendige Körperwahrnehmung

Mit Online-Materialien

Anschrift der Autorin
Dipl.-Psych. Sabine Ecker
Psychologische Psychotherapeutin
Im Zinken 2
79 224 Umkirch

Haftungshinweis: Trotz sorgfältiger inhaltlicher Kontrolle übernehmen wir keine Haftung für die Inhalte externer Links. Für den Inhalt der verlinkten Seiten sind ausschließlich deren Betreiber verantwortlich.

MIX
Papier aus verantwortungsvollen Quellen
FSC® C089473

1. Auflage 2015

Copyright der deutschen Ausgabe:
© Beltz Verlag, Weinheim, Basel 2015
Programm PVU Psychologie Verlags Union
http://www.beltz.de

Lektorat: Claudia Silbereisen
Herstellung: Sonja Frank
Illustrationen: Claudia Styrsky
Reihengestaltung: Federico Luci, Odenthal
Umschlagbild: © mma23/fotolia.com
Satz: Beltz Bad Langensalza GmbH, Bad Langensalza
Gesamtherstellung: Beltz Bad Langensalza GmbH, Bad Langensalza

Printed in Germany
ISBN 978-3-621-28220-8

Inhalt

Vorwort

Vor einigen Jahren ging ich an Silvester nachmittags durch den Park zum Bahnhof. Ich kam von der Arbeit in einer Klinik, wo ich den ganzen Tag über ziemlich viel Zeit mit unerfreulichem Kleinkram verbracht hatte. Ich hatte mich über Anweisungen der Verwaltung geärgert, über einen meckernden Patienten, über organisatorische Pannen und über mich selbst. Ich spürte die Anspannung im Nacken und im Gesicht, und im Magen hatte ich so ein unzufriedenes Gefühl sitzen wie einen dicken Kloß. In diesem Moment wurde mir klar: So möchte ich nicht ins neue Jahr gehen. Ich fasste daher den Vorsatz: »Ab sofort mehr freuen und weniger ärgern!« Um diesem Vorsatz Nachdruck zu verleihen, setzte ich mich in den folgenden Wochen jeden Abend hin und schrieb in ein kleines Notizbuch, über was ich mich an diesem Tag gefreut hatte.

Der Effekt war erstaunlich. Mir war gar nicht bewusst gewesen, wie viele kleine Momente der Freude ich den ganzen Tag über erlebe. Abends schrieb ich in mein Buch solche Dinge wie: »Auf dem Heimweg Igel gesehen«. Oder: »Als ich beim Aussteigen aus dem Zug meine Handschuhe liegen ließ, brachte ein netter Mensch sie mir an die Tür, bevor der Zug weiterfuhr.« Ich klebte auch witzige Postkarten hinein, die ich zugeschickt bekam, oder Cartoons aus der Zeitung, über die ich schallend gelacht hatte.

Am eindrücklichsten blieb mir aber aus dieser Zeit die Erkenntnis, dass die allermeisten Glücksmomente, die ich erlebte, gar keinen bestimmten Grund oder Anlass hatten, sondern einfach nur Momente waren, in denen ich mich bewegte (z. B. mit dem Fahrrad durch die Abenddämmerung nach Hause fuhr) und mich eins mit meinem Körper fühlte.

Als der Beltz Verlag mit der Anfrage an mich herantrat, ob ich dieses Buch schreiben möchte, nahm ich dies zum Anlass, einmal darüber nachzudenken, seit wann ich mich eigentlich mit Körperwahrnehmung und Körperarbeit beschäftige. Mir wurde klar, dass schon meine Kindheitserinnerungen von Körpererfahrung geprägt sind. Möglicherweise ist das auch bei Ihnen so, wenn Sie einmal darüber nachdenken und sich erinnern. Wenn ich mir schöne Momente aus meiner Kindheit vergegenwärtige, denke ich an das lebendige Gefühl im ganzen Körper beim Bodenturnen auf der Wiese hinter dem Haus, an die konzentrierte Aufmerksamkeit angesichts der Herausforderung, auf einen Baum zu klettern, an die Empfindung von kaltem Wasser auf meiner Haut im Schwimmbad, wenn wir stundenlang immer wieder ins Wasser hüpften, bis die Haut ganz runzelig wurde, an das Rollschuhfahren mit den Nachbarskindern oder auch an halsbrecherische Experimente (»Kunstradfahren«) auf einem dafür nicht unbedingt geeigneten alten Damenrad.

Vor etwa 30 Jahren, als Teenager, begann ich, mich bewusst mit Körperarbeit zu beschäftigen. Da ich in einem kleinen Ort im Schwarzwald lebte, war es damals gar nicht so leicht, an Kursen für Taijiquan, Yoga, Bioenergetik oder Tanztheater teilzunehmen. Es fand sich aber immer wieder eine Möglichkeit dazu, z. B. als ein Bekannter, der in China studiert hatte, zurückkam und Taiji-Kurse im kleinen Kreis anbot. Ich nutzte jede Gelegenheit, verschiedene Methoden der Körperarbeit kennenzulernen, weil diese Erfahrungen mich faszinierten und weil ich spürte, dass da ein Weg vor mir lag, den ich gehen wollte. Ich verschlang jedes Buch dazu, das ich in die Finger bekommen konnte, und übte weiter die Übungen, die ich gelernt hatte, auch in den Zeiten, in denen es keine Kurse gab.

Dieses Interesse hat mich mein Leben lang begleitet. Ob nun in der Freizeit (wo ich viele Jahre lang verschiedene asiatische Kampfkünste übte) oder bei meiner Arbeit (zuerst als Masseurin in einem medizinischen Beruf, nach dem Studium dann als Psychotherapeutin, inzwischen selbstständig in eigener Praxis) – Körperarbeit spielte für mich immer eine wichtige Rolle, auch als Ausgleich und Ergänzung zu der vielen intellektuellen Betätigung in einem akademischen Beruf.

Was mich daran so anhaltend faszinierte? Neben der Freude an der Bewegung und an dem lebendigen Gefühl, im Körper zu sein, wurde auch immer wieder spürbar für mich, wie eng inneres Erleben und Körperausdruck verknüpft sind. Ich bemerkte, wie sich mein

Umgang mit mir selbst und anderen Menschen veränderte durch die Beschäftigung mit diesen Erfahrungen, und dass in der Arbeit mit dem Körper (ob nun bei einer Partnerübung im Taiji oder Qigong-Dancing, beim Kampftraining im Karate, Ju-Jutsu oder Aikido oder auch im Feldenkrais-Kurs oder im Gesangsunterricht) Ängste und andere innere Hindernisse sofort ganz konkret spürbar und bearbeitbar wurden, über die ich auf einer rein intellektuellen Ebene lange ergebnislos hätte reden können. Auf diese Art die eigenen Grenzen zu erweitern, ist ein Weg, den man lebenslang immer wieder neu entdecken und gestalten kann.

Dieses Buch ist daher ein sehr persönliches geworden. Im Laufe der Jahre konnte ich so viele wertvolle und hilfreiche Erfahrungen mit verschiedenen Formen der Körperarbeit machen, dass ich mich dadurch reich beschenkt fühle. Für die vielen Menschen, von denen ich lernen durfte und die ihr Wissen und ihre Weisheit mit mir so freigiebig geteilt haben, empfinde ich große Dankbarkeit und hoffe, auf diesem Weg etwas von diesen Schätzen weitergeben zu können.

Wenn diese Einleitung Ihnen Lust gemacht hat, sich mit Ihrer Körperwahrnehmung einmal näher zu beschäftigen, finden Sie in diesem Buch zunächst einige Erklärungen über grundlegende Zusammenhänge:

▶ Was ist »Körperwahrnehmung«?
▶ Wie entwickelt sie sich?
▶ Wofür brauchen wir sie überhaupt?
▶ Und wie kann man sie trainieren?

Um das Ganze für Sie anschaulicher zu gestalten, erzähle ich auch von Beispielen aus dem Alltag und aus meiner psychotherapeutischen Praxis. Die Menschen, von denen ich erzähle, gibt es alle tatsächlich. Ihre Namen sind jedoch verändert, und teilweise habe ich auch in einem Beispiel die Erfahrung aus mehreren ähnlich gelagerten Fällen zusammengefasst.

Dieses Buch ist ein Praxisbuch. Sie finden darin viele Übungen zum Ausprobieren. Sie werden feststellen, dass es wenig bringt, über Körperwahrnehmung zu reden oder etwas zu lesen, solange das theoretische Wissen im Kopf nicht durch Ihre konkrete eigene Erfahrung untermauert wird. Durch das praktische Tun entsteht eine neue Erfahrungswelt, in der auf einmal auch die Möglichkeit von Veränderungen spürbar wird. Vielleicht fällt es Ihnen sehr leicht, sich auf die Übungen einzustimmen und dabei angenehme und interessante Erfahrungen zu machen. Vielleicht sind Sie aber auch noch etwas skeptisch und zurückhaltend und wissen noch nicht, wie weit Sie sich darauf einlassen möchten. Gehen Sie es einfach schrittweise und in Ihrem eigenen Tempo an. Beginnen Sie mit den Übungen, die Sie spontan ansprechend und interessant finden und auf die Sie Lust haben. Falls Sie feststellen sollten, dass durch eine Übung in Ihnen starke und tiefe Gefühle aufgewühlt werden, dann sprechen Sie mit einem Menschen darüber, dem Sie vertrauen.

Wichtiger Hinweis

Die meisten der in diesem Buch vorgestellten Übungen sind »erlebnisaktivierend«, d. h. sie können unter Umständen starke Gefühlsreaktionen hervorrufen. Das ist meistens sehr interessant und erfreulich, in bestimmten Lebenssituationen kann es aber auch irritierend sein (z. B. wenn man sich gerade instabil fühlt aufgrund einer schweren Lebenskrise). Falls das so ist, will da etwas Neues passieren. Und dafür ist es oft gut, sich eine passende Begleitung (z. B. eine gute Freundin oder eine professionelle Psychotherapeutin) zu suchen. Falls Sie schon vorher wissen (oder es beim Durchführen einer Übung bemerken), dass Sie unter ernsthaften psychischen Problemen leiden, sollten Sie mit einer Person Ihres Vertrauens besprechen, welche der Übungen Sie ausprobieren möchten und in welchem Rahmen. Wenn Sie bereits in psychotherapeutischer oder psychiatrischer Behandlung sind, besprechen Sie das bitte mit Ihrem behandelnden Arzt oder Psychotherapeuten.

An dieser Stelle möchte ich noch ein paar Worte des Dankes sagen: Dieses Buch konnte nur entstehen, weil viele Menschen sich dafür engagiert haben. Gitta Jacob danke ich für ihre Empfehlung, die das Projekt ins Rollen brachte, und Renate Klöppel für die Unterstützung bei Vertragsfragen. Ulla Littan, Peter Gunkel, Gudula Droste,

Stephan Panning, Manu Dieter Giesen, Hans-Harald Niemeyer, Christine Funk und Constantin von der Lühe danke ich ganz herzlich für ihre konstruktive Kritik und die interessanten Denkanstöße, die sehr viel dazu beigetragen haben, dieses Buch zu einer runden Sache zu machen. Vielen Dank auch an Andrea Schrameyer, Svenja Wahl und Claudia Silbereisen vom Beltz Verlag für ihr fachkundiges Engagement und für die ausgesprochen freundliche und angenehme Zusammenarbeit sowie an Claudia Styrsky für die wunderbaren Illustrationen.

Darüber hinaus möchte ich mich ganz besonders bedanken bei allen Menschen, die mich dabei unterstützt haben, meinen eigenen Weg zu gehen: meine langjährige Taiji-Lehrerin, die mich ermutigte, Taiji und Qigong zu unterrichten und immer wieder aufs Neue den Anfängergeist zu pflegen, meine Supervisor(inn)en und Ausbilder(innen) in den diversen Psychotherapie-Ausbildungen, die in schwierigen Situationen an meiner Seite standen und mir den Rücken stärkten, und meine Gesangslehrerin, die mir immer wieder dabei hilft, Körper und Seele zu befreien, wenn ich dabei bin, sie in enge Kästchen hineinquetschen zu wollen. Und am allerwichtigsten: mein Mann und meine Familie, die meinem Körper und meiner Seele eine Heimat geben, auch in den Stürmen des Lebens, und auf die ich mich immer verlassen kann.

Noch eine kleine Anmerkung zur Sprache in diesem Buch: An vielen Stellen verwende ich um der besseren Lesbarkeit willen nicht sowohl die weiblichen als auch die männlichen Formen (z. B.»Arzt oder Ärztin«). Bitte fühlen Sie sich dennoch immer dann angesprochen, wenn Sie dies als stimmig und passend für sich empfinden, egal welchen Geschlechts Sie sind. Und nun wünsche ich Ihnen viel Spaß beim Lesen und beim Ausprobieren.

1 »Wahrnehmung« – was ist das überhaupt?

Ich habe keine besondere Begabung,
sondern bin nur leidenschaftlich neugierig.

Albert Einstein

Wenn Sie verstehen möchten, wie Ihre Körperwahrnehmung funktioniert, ist es sinnvoll, sich erst einmal ein paar ganz allgemeine Gedanken über die grundlegenden Prinzipien der menschlichen Wahrnehmung zu machen.

Als »Wahrnehmung« wird es bezeichnet, wenn äußere oder innere Reize von unserem Nervensystem verarbeitet werden.

Hören, Sehen und so weiter: die Außenwahrnehmung

Reize außerhalb von uns können wir sehen (mit den Augen) oder hören (mit den Ohren), das sind die sogenannten »Fernsinne«. Wir haben außerdem »Nahsinne«, nämlich das Riechen (mit der Nase), das Schmecken (mit der Zunge) und den Tastsinn (mit der Haut). Stellen Sie sich vor, einer dieser Sinne würde bei Ihnen nicht funktionieren: Das würde sofort zu einer schwerwiegenden Beeinträchtigung im Alltag führen.

Wenn ein Mensch z. B. nicht sehen oder nicht hören kann, fehlen ihm wichtige Informationen über seine Umwelt. Aber auch bei einer Beeinträchtigung der Nahsinne kann die Lebensqualität deutlich vermindert sein, z. B. wenn nach einer Infektionserkrankung der Geruchssinn nicht mehr funktioniert und das Essen deshalb keinen Spaß mehr macht. Dass wir etwas nicht wahrnehmen können mit unseren Außensinnen, heißt noch lange nicht, dass es nicht da ist. So hat der Mensch z. B. im Gegensatz zu einigen Tierarten kein Sinnesorgan für die Wahrnehmung von Radioaktivität oder Magnetfeldern. Auch Töne, die viele Tiere noch wahrnehmen können (z. B. Hunde), sind für unsere Ohren zu tief (Infraschall) oder zu hoch (Ultraschall), sodass wir sie nicht hören können.

Wahrnehmung ist immer eine Konstruktionsleistung unseres Gehirns
Um ein Verständnis dafür zu bekommen, was bei der Wahrnehmung geschieht, ist es wichtig, sich Folgendes klarzumachen: Unsere Sinnesorgane (Augen, Ohren usw.) nehmen einen Reiz auf, der in vielen Fällen auch objektiv messbar ist, z. B. können Lichtreize oder Schallwellen von technischen Geräten aufgezeichnet und gemessen werden.

Die Wahrnehmung, die in unser Bewusstsein gelangt, ist jedoch immer eine Konstruktion bzw. Interpretation dieser Reize durch unser Gehirn.

Vielleicht erinnern Sie sich noch an den Sketch »Der menschliche Körper« (oder:»Wunder des Ärgerns«) des Entertainers Otto Waalkes, in dem er die Kommunikation der Organe untereinander parodierte. Falls nicht, können Sie ihn unter www.youtube.com ansehen. Ich kann mich über diesen Sketch auch nach so vielen Jahren immer noch köstlich amüsieren. Wir befinden uns im Körper von Herrn Soost, der in einer Kneipe seinen Feierabend genießt. Auf einmal wird das Ohr aktiv:»Ohr an Großhirn, Ohr an Großhirn – habe soeben das Wort ›Saufkopp‹ entgegennehmen müssen.« Ein akustischer Reiz (also Schallwellen einer bestimmten Frequenz) trifft auf das Ohr und wird dort (vereinfacht gesagt) von den Nervenzellen im Innenohr in elektrische Impulse umgewandelt. Diese werden nun über Nervenleitbahnen ans Gehirn weitergeleitet. Dort wird dieser »Input« mit den Vorerfahrungen und Kenntnissen verglichen, die schon in der Erinnerung gespeichert sind. Herr Soost hat in seinem Gehirn entsprechende Informationen parat, er kann also das Wort »Saufkopp« in deutscher Sprache erkennen und weiß, was es bedeutet. Im Sketch fragt das Gehirn nun beim Auge nach: »Was ist denn da eigentlich los, wer hat das gesagt?« Das Auge nimmt optische Reize (also Lichtreize) auf und meldet die erhaltene Information ebenfalls auf elektrischem Weg (bzw. mit Hilfe von körpereigenen Botenstoffen, die »Neurotransmitter« genannt werden) über die Nervenbahnen ans Gehirn weiter. Dort werden diese ganzen Seheindrücke (Linien, Farben, Größe und Form von Objekten) zusammengesetzt, Muster werden erkannt. Herr Soost kommt aufgrund seines Wissens über die Welt, mit dem er seine Wahrnehmungen vergleichen kann, zu dem Ergebnis: Da steht ein Mann vor mir, und zwar ein sehr großer und sehr kräftiger (»1,95 m groß mit Schlägervisage«), da bleibe ich doch lieber freundlich und spendiere ihm ein Bier.

> **!** Wahrnehmung ist immer bereits eine Konstruktionsleistung unseres Nervensystems bzw. Gehirns und keine »objektive« Abbildung der Wirklichkeit.

Dass unser Gehirn sich dabei manchmal auch täuschen lässt, kann man durch sogenannte »optische Täuschungen« zeigen. Sind z.B. die Linien in Abbildung 1.1 gerade oder gebogen? Sie können das gerne einmal mit Hilfe eines Lineals überprüfen. Falls Ihre optische Wahrnehmung etwas anderes sagt als das Lineal: Haben Sie eine Idee, wodurch dieser Effekt hervorgerufen wird?
Selektive Wahrnehmung. Davon, dass die menschliche Wahrnehmung unvollständig und manchmal auch im Vergleich mit den objektiven Tatsachen fehlerhaft ist, kann jeder Polizeibeamte ein Lied singen, der verschiedene Zeugenaussagen über denselben Autounfall vergleicht: Die erste Zeugin hat einen von links heranrasenden schwarzen Golf mit aggressivem Fahrstil gesehen (»Ich dachte noch: Spinnt der, oder was?«), der zweite sah nur ganz flüchtig ein dunkles

Abbildung 1.1 Beispiel für eine optische Täuschung

Auto (»Ich glaube dunkelblau. Wo das herkam, weiß ich auch nicht, auf einmal war es da und dann war es auch schon wieder weg. Das ging alles so schnell!«) und der dritte hat zwar das Quietschen der Bremsen gehört, aber nicht hingeschaut, weil er gerade mit Telefonieren beschäftigt war. Was wir wahrnehmen und was nicht, hängt sehr stark davon ab, welchen Reizen wir unsere Aufmerksamkeit zuwenden (ob z. B. das Telefongespräch interessant genug ist, um alle anderen Eindrücke solange auszublenden) und worauf wir achten. **Der unsichtbare Gorilla.** In der Psychologie gibt es ein interessantes Experiment, das der amerikanische Psychologieprofessor Dan Simons und seine Forschungsgruppe an der Universität Illinois entwickelt haben. Ich selbst habe im Studium auch einmal daran teilgenommen, daher möchte ich erzählen, wie ich es damals erlebte: Uns wurde ein kurzer Film gezeigt, in dem zwei kleine Mannschaften in einer Halle Basketball spielen. Vorher bekamen wir die Anweisung, zu zählen, wie oft die Mannschaft mit den weißen Trikots den Ball hat. Nachdem das Ergebnis dieser Aufgabe besprochen worden war (alle hatten richtig gezählt), wurden wir gefragt:»Ist euch sonst noch irgendetwas aufgefallen?« Mir war nichts aufgefallen. Über die

Frage »Wer von euch hat den Gorilla gesehen?« war ich sehr verwundert. Was sollte das, was für ein Gorilla? Beim zweiten Anschauen des Films konnte ich es kaum fassen: Da lief doch tatsächlich gut sichtbar ein als Gorilla verkleideter Mann groß und breit mitten durchs Bild. Nur ein einziger von uns hatte ihn beim ersten Ansehen des Films bemerkt, alle anderen waren viel zu konzentriert mit dem Zählen der Ballkontakte beschäftigt gewesen. Ich hätte es nicht geglaubt, wenn ich nicht selbst dabei gewesen wäre. Wenn Sie es nicht glauben: Sie können diesen Film und einige Erläuterungen dazu von Professor Simons auf www.youtube.com ansehen. In diesem übrigens preisgekrönten Video erklärt er auch, dass bei einer weiteren Studie »eye tracking« eingesetzt wurde, d.h., während des Experiments wurde mit Hilfe einer technischen Vorrichtung aufgezeichnet, wohin die Versuchspersonen ihren Blick richteten. Sie stellten fest, dass auch die Personen, die den Gorilla nicht bemerkten, ihn tatsächlich eine ganze Sekunde lang direkt angeschaut hatten. Ihr Auge hatte ihn also erfasst, die Information gelangte jedoch nicht ins Bewusstsein, weil sie vom Gehirn als unwichtig aussortiert wurde.

Interessanterweise stellte ich fest, als ich bei der Vorbereitung dieses Kapitels den Film noch einmal ansah, dass ich dann, wenn ich mich wirklich fest auf die weiße Mannschaft und die Anzahl der Ballwechsel konzentriere und entschlossen bin, mich davon nicht ablenken zu lassen, den Gorilla *immer noch nicht sehe, obwohl ich inzwischen weiß, dass er da ist* (Ist das nicht faszinierend und zugleich ein wenig erschreckend?).

Die Rolle von Gedanken und Vorerfahrung

Um einen bestimmten Reiz, den unsere Sinnesorgane wahrnehmen, im Gehirn einem Muster zuordnen zu können, das wir erkennen, brauchen wir unsere Vorerfahrung. Unser Wissen über die Welt, aber auch unsere Einstellungen und Meinungen fließen dabei mit ein.

Wenn z.B. ein Zeuge des oben genannten Unfalls der festen Überzeugung ist, dass Frauen schlechte Autofahrer sind, ist sein Gehirn möglicherweise geneigt, die einzelnen Wahrnehmungen so zusammenzusetzen, dass er am Ende fest überzeugt ist, gesehen zu haben, wie die Frau den Unfall verursacht hat, auch wenn es objektiv gesehen ganz anders war.

Dieser Effekt führte z. B. in amerikanischen Studien regelmäßig dazu, dass die Versuchspersonen überzeugt waren, einen Film gesehen zu haben, in dem ein Schwarzer einen Weißen angriff. Objektiv gesehen zeigte der Film jedoch das Gegenteil (die weißhäutige Person hatte den Streit begonnen). Vorgefasste Meinungen beeinflussen also, was wir meinen, gesehen oder gehört zu haben.

> **!** Wie wir über etwas denken, beeinflusst unsere Wahrnehmung und damit auch, wie wir auf das Wahrgenommene reagieren.

Als ich einmal im Urlaub war, war abends auf dem Balkon des Hotels immer wieder ein leises Plätschern zu hören. Ich fand das sehr romantisch und stellte mir dabei einen kleinen Brunnen vor, denn das Hotel hatte einen hübschen Innenhof, in den ein solcher Brunnen sehr gut gepasst hätte. Erst am dritten Abend wurde mir klar, dass da gar kein Brunnen war und dass dieses Geräusch von einem sehr hässlichen, an der Hauswand verlaufenden Wasserrohr kam. Auf einmal klang das Geräusch gar nicht mehr romantisch, ich glaubte nun eher, die Toilettenspülung des Zimmernachbarn zu hören. Da ich aber fest entschlossen war, mir meinen Urlaub nicht vermiesen zu lassen, entschied ich einfach, mir weiter vorzustellen, dass da ein hübscher kleiner Brunnen plätschert.

Vielleicht ist es Ihnen schon einmal passiert, dass Sie nachts wach lagen und nicht schlafen konnten. Auf einmal bemerkten Sie das Geräusch der Heizung oder des Kühlschranks. Dieses Geräusch war mit hoher Wahrscheinlichkeit schon den ganzen Tag und die ganze Nacht über da, aber erst ab dem Moment, in dem Sie es bemerkten, störte es auf einmal. Sie begannen sich zu ärgern und steigerten sich in den Ärger so lange hinein, bis das Geräusch unerträglich laut geworden war und Sie zu der festen Überzeugung kamen, bei diesem Lärm doch unmöglich schlafen zu können. In dieser Situation fiel es Ihnen schwer, sich einfach umzudrehen, an etwas anderes zu denken und das Geräusch wieder zu vergessen.

Wenn Sie bei sich selbst schon einmal beobachtet haben, dass Sie sich über Störgeräusche sehr ärgern oder sich durch sie stark beeinträchtigt fühlen, wäre es vielleicht interessant für Sie, mit dem folgenden Experiment eine neue Erfahrung zu machen.

Übung

Alltagsexperiment zur Wahrnehmung von Störgeräuschen
Sie können selbst einmal ausprobieren, wie sich Ihre Wahrnehmung eines störenden Geräuschs verändert, wenn Sie sich absichtlich dafür entscheiden, ihm eine andere Bedeutung zu geben: z. B. das tiefe Brummen eines Motors, während Sie Yoga üben wollen:»Das Geräusch trägt mich wie ein weicher Wollteppich und hilft mir, den Boden unter meinen Füßen zu spüren«; die Geräusche eines Straßenfestes vor Ihrem Haus mitten in der Nacht:»Die Lebendigkeit draußen gibt mir das geborgene Gefühl, nicht alleine zu sein«.

Sie können auch einmal austesten, welche Bedeutung Sie dem Geräusch geben müssen, damit es maximal störend für Sie wird und anhaltenden Ärger auslöst: z. B. das tiefe Brummen des Motors:»Wie rücksichtslos von diesem unsympathischen Nachbarn, mitten am Tag seine Druckermaschine zu benutzen, und die Abgase sind bestimmt auch sehr giftig und gesundheitsschädlich«; das Straßenfest vor Ihrem Haus:»Ich hasse diese besoffenen Idioten, die nachts um Drei noch herumgrölen müssen, morgen ist bestimmt die Straße wieder voller Scherben«.

Ihrer Fantasie sind dabei keine Grenzen gesetzt, und vielleicht werden Sie erstaunt bemerken, wie groß der Einfluss Ihres eigenen Denkens darauf ist, wie laut das Geräusch klingt, wie schrill, wie unangenehm oder wie unerträglich – experimentieren Sie einfach mal damit!

Das heißt also: Auch das, was wir als»Außenwahrnehmung« bezeichnen, hat dennoch viel zu tun mit inneren Prozessen, und entsprechend ist auch das Ergebnis dieser Wahrnehmung keineswegs ein»objektives Abbild« der Wirklichkeit um uns herum, sondern immer unsere eigene Interpretation auf der Grundlage unserer Vorerfahrungen.

2 Der Blick nach innen: die Körperwahrnehmung

> Ich wurde hastig und eher beiläufig erzogen,
> wobei ich mir viele interessante Komplexe zuzog,
> die seither meine Geschäftsgrundlage bilden.
> *Paul Flora (Karikaturist)*

Lassen Sie uns nun nach innen schauen. Im Gegensatz zur Außenwahrnehmung richtet sich bei der Körper- oder Eigenwahrnehmung (Interozeption) die Aufmerksamkeit auf das innere Erleben.

Übersicht

Sinne für die Körperwahrnehmung
- *Gleichgewichtssinn* (das Gleichgewichtsorgan befindet sich im Innenohr)
- *Tiefensensibilität* (tief im Körper liegende Empfindungen, im Gegensatz zur Oberflächensensibilität der Haut)
- *Temperatursinn* (dafür haben wir sog. Thermorezeptoren, also Nervenzellen, die Kälte/Wärme unterscheiden können)
- *Schmerzwahrnehmung* (dafür haben wir sog. Nociceptoren, also Nervenzellen, die auf Schmerzreize reagieren)

Propriozeption. Mit speziellen Nervenzellen in den Muskeln und Sehnen nehmen wir die Bewegung und Lage unseres Körpers im Raum wahr bzw. die Lage und Stellung der Körperteile zueinander. Das wird auch als Propriozeption bezeichnet. Wenn Sie z. B. jetzt beim Lesen gerade gemütlich auf dem Sofa sitzen, können Sie mit Ihrem Lagesinn wahrnehmen, dass Sie sitzen, können also die Position Ihres Körpers im Raum bestimmen. Mit Ihrem Kraftsinn spüren Sie, welche Muskeln dabei angespannt sind und welche nicht (ob z. B. die Muskeln in Ihrem Arm arbeiten müssen, um das Buch zu halten, oder ob sich Ihr Nacken dabei angespannt hat). Mit Ihrem

Bewegungssinn spüren Sie außerdem, in welche Richtung Ihre Hand und Ihr Arm sich beim Umblättern bewegen. Und all das ganz ohne Hinsehen, nur von innen her. Sie denken jetzt vielleicht: Das ist doch ganz selbstverständlich, dass man das kann. Dass das alles jedoch Fähigkeiten sind, die zuerst geübt und ausdifferenziert werden müssen, bemerken Sie, wenn Sie eine neue Art von Bewegung ausprobieren, die Ihnen noch nicht vertraut ist, z. B. wenn Sie zum ersten Mal auf Skiern stehen. Wie hoch die Anforderungen an die Eigenwahrnehmung schon bei ganz einfachen Alltagsaufgaben sind, wird mir z. B. klar, wenn ich mit dem kleinen Sohn einer Freundin Ball spiele. Einen Ball zu fangen und zu werfen ist eine ziemlich komplexe Aufgabe, die es erfordert, die eigene Hand- und Körperhaltung wahrzunehmen und passend zur Bewegung des Balls zu steuern, den eigenen Krafteinsatz an Schwere und Geschwindigkeit des Balls anzupassen und bei dem Ganzen auch noch das Gleichgewicht zu halten. Viele Versuche sind nötig, bis es dem Kind gelingt, den Ball genau dorthin zu werfen, wo es ihn haben möchte.

Wie genau und differenziert die Körperwahrnehmung ist, hängt sehr davon ab, wie gut man sie geübt und ausgebildet hat. Das lässt sich z. B. beobachten in Gymnastikgruppen, wenn der Trainer die Anweisung gibt:»mit dem Fußgelenk kreisen«, und einige Teilnehmer eine ganz andere Bewegung machen (etwa das ganze Bein aus dem Hüftgelenk heraus vor- und zurückschwingen), ohne das selbst zu bemerken.

Als Lehrer oder Sporttrainer tätige Menschen haben mir schon mehrfach berichtet, dass sie seit einiger Zeit immer häufiger mit Grundschulkindern zu tun haben, die schon durch einfache Bewegungsaufgaben wie»auf einem Bein hüpfen« oder»rückwärts gehen« überfordert sind. Offenbar verbringen heutzutage manche Kinder so viel Zeit sitzend am Computer oder vor dem Fernseher, dass sie einfach keine Erfahrung im Umgang mit ihrem Körper mehr sammeln können.

Viszerozeption. Im Gegensatz zur Wahrnehmung der eigenen Körperbewegung und -lage im Raum steht die sogenannte Viszerozeption, die Wahrnehmung der inneren Organe. Wir können z. B. spüren, wie leer oder gefüllt unser Magen ist, wie schnell das Herz schlägt oder wie sich beim Atmen unsere Lunge ausdehnt. Ansonsten nehmen wir die meisten unserer inneren Organe im Alltag nur dann bewusst wahr, wenn Schmerzen oder Beschwerden auftreten (z. B. bei einer Gallenkolik oder bei Verdauungsstörungen).

Übung

Bewusste Wahrnehmung der inneren Organe

Um das zu verdeutlichen, möchte ich Ihnen folgende kleine Übung vorschlagen (und ich möchte Sie bitten, die beiden kurzen Anweisungen jeweils erst auszuführen, bevor Sie weiterlesen).

(1) Konzentrieren Sie sich jetzt bitte einmal für einige Sekunden darauf, Ihren Magen zu spüren.

Diese Aufgabe fällt den meisten Menschen leicht. Den eigenen Magen zu spüren (ob er voll ist oder leer, ob er »knurrt«, »rumort« oder weh tut, ob ein Gefühl von Übelkeit spürbar ist), ist eine häufig auftretende und für die meisten Menschen ganz vertraute Alltagserfahrung. Sie kennen ihren Magen, wissen ungefähr, wo er ist und welche Aufgabe er hat (Essen verdauen).

(2) Konzentrieren Sie sich jetzt bitte einmal für einige Sekunden darauf, Ihre Bauchspeicheldrüse zu spüren.

Bei dieser Aufgabe sind die meisten Menschen ratlos. Sie haben keine Ahnung, wie sie das machen sollen, ja sie wissen noch nicht einmal, wo in

---

ihrem Körper die Bauchspeicheldrüse überhaupt ist, wie sie aussieht und welche Aufgaben sie erfüllt. Und das ist ja auch ganz verständlich, denn wer interessiert sich schon für seine Bauchspeicheldrüse, solange sie gut funktioniert und keine Schmerzen bereitet?

Für diejenigen unter Ihnen, die es jetzt doch interessiert: Die Bauchspeicheldrüse wird auch als »Pankreas« bezeichnet. Sie befindet sich im Oberbauch und produziert einerseits Verdauungsenzyme und andererseits Hormone, die den Blutzuckerspiegel regulieren.

Die Funktion unserer inneren Organe wird durch das vegetative (bzw. autonome) Nervensystem gesteuert. Dieser Teil unseres Nervensystems verarbeitet ständig eine Vielzahl von Wahrnehmungen, die uns selten oder nie bewusst werden. Mit Hilfe von Messfühlern für bestimmte Blutwerte (z. B. den Kohlenmonoxidgehalt des Blutes) steuert das vegetative Nervensystem über komplizierte Regelkreisläufe die Atmung, den Blutdruck, die Verteilung von Wärme im Körper, die Verdauung, Hunger und Sättigungsgefühl usw. Glücklicherweise funktionieren diese Abläufe sehr zuverlässig auch ohne bewusste und absichtliche Steuerung, denn wenn wir an all das den ganzen Tag und die ganze Nacht über denken müssten, wären wir alle schon lange erstickt, verhungert oder kollabiert.

**Kleiner Ausflug in die Entwicklungspsychologie:
Wann und wie entwickelt sich die Körperwahrnehmung?**
Um Ihnen verständlicher zu machen, wie die Körperwahrnehmung sich entwickelt und was dabei zu beachten ist, möchte ich Sie zunächst zu einem kurzen Ausflug in die Entwicklungspsychologie einladen.
Die Reise beginnt. Schon im Mutterleib werden die neurophysiologischen Grundlagen der Wahrnehmung gelegt. Während der Schwangerschaft reift das menschliche Nervensystem in enormer Geschwindigkeit heran. Schon ab der achten Schwangerschaftswoche beginnt der Fetus, sich eigenständig zu bewegen. Für die Entwicklung des Babys sind diese Bewegungen sehr wichtig, denn die

Sinneswahrnehmungen, die es dabei macht, beeinflussen die Entwicklung seines Gehirns.

Das Baby ist aufs Engste mit dem Organismus der Mutter verbunden und nimmt intensiv Anteil an ihrem Leben. Schon im dritten Schwangerschaftsmonat spürt es Stress, Glück oder Aufregung. Wenn die Mutter erschrickt, wird Adrenalin in ihrem Blut ausgeschüttet (das ist ein Botenstoff, der im ganzen Körper zu einer Aktivierung führt) und auch der Herzschlag des Babys beschleunigt sich. Über die Nabelschnur hat es teil an allem, was die Mutter zu sich nimmt (leider auch an Suchtstoffen aller Art, auch das ist eine Körpererfahrung, die ein Baby im Mutterleib machen kann).

Mit der zunehmenden Vernetzung der Nervenbahnen in den folgenden Monaten beginnt das Baby, sich immer lebhafter zu bewegen. Der Geschmackssinn und das Gehör bilden sich aus und werden immer differenzierter. Das Baby kann jetzt den Herzschlag, die Darmgeräusche und die Stimme seiner Mutter hören. Etwa im sechsten Monat beginnt es damit, den eigenen Körper zu erkunden. Es lutscht am Daumen, spielt mit seiner Nabelschnur und ertastet seine eigenen Arme und Beine. Etwa gleichzeitig mit den Gehirnstrukturen, die nötig sind, um Angst und Schmerz wahrzunehmen, bilden sich jetzt auch die Gehirnbereiche weiter aus, die für Glücksgefühle zuständig sind. Die neuronale Basis für die grundlegenden Lebensäußerungen Zuwendung, Neugier und Initiative auf der einen Seite, Vorsicht, Beobachten und Abwarten auf der anderen Seite ist damit gelegt.

Im letzten Drittel der Schwangerschaft kann das Baby zunehmend besser hören und nimmt dadurch am Leben der Außenwelt teil. Es entwickelt Vorlieben, z. B. für klassische Musik. Mehrere Menschen erzählten mir davon, dass sie viel später im Leben Musikstücke wiedererkannten, die ihre Mutter in der Zeit vor ihrer Geburt oft angehört oder selbst gespielt hatte, und dass sie zu dieser Musik eine ganz besondere Beziehung spürten. Das Baby öffnet auch bereits die Augen, reagiert auf Lichtreize (wenn man z. B. eine helle Taschenlampe an den Bauch hält) und zunehmend auch auf Berührungen von außen, z. B. wenn die Mutter zärtlich die Hand auf den Bauch legt und mit ihm spricht.

Ein eigenes Körperbild entsteht. Wenn das Kind geboren wird, tritt eine völlig neue Situation ein, nämlich die Trennung vom Organismus der Mutter. Das Kind steht jetzt vor der Herausforderung, ein eigenes Körperbild (dies wird auch oft als Körperschema bezeichnet) zu entwickeln und zwischen »Ich« und »Nicht-Ich« zu unterscheiden. In Studien konnte gezeigt werden, dass schon 24 Stunden alte Neugeborene unterscheiden können, ob eine Berührung an ihrer Wange von ihnen selbst kommt (dabei ist eine »doppelte Berührungsempfindung« zu spüren, nämlich an der Wange und an der eigenen Hand), oder ob jemand anderer ihre Wange berührt.

Lange bevor sie lernen, ihre Empfindungen in Worte zu fassen, und auch lange bevor das Gehirn so weit ausgebildet ist, dass bewusste Erinnerungen im Gedächtnis abgespeichert werden können, entwickeln Kinder ein vorsprachliches »Körper-Selbst«, das wiederum die Basis bildet für die gesamte weitere Selbstbild-Entwicklung.

Liebevolle Zuwendung und Körperkontakt. Wenn die Eltern dem Kind liebevolle körperliche Zuwendung schenken (es z. B. stillen, wickeln, massieren, streicheln, festhalten, schmusen, knuddeln, herumtragen), macht es die Erfahrung: Das ist mein Körper – und in dem fühle ich mich richtig wohl. Der Körperkontakt mit den Eltern vermittelt Nähe, Wärme, Sicherheit und Geborgenheit. So entwickelt das Kind ein Grundvertrauen in seine Eltern und in sich selbst. Dies ist die Basis eines guten Selbstwertgefühls und einer positiven Beziehung zum eigenen Körper.

Wenn in dieser frühen Phase der Entwicklung massive Störungen auftreten (z. B. kalte, abweisende oder aggressive Eltern, die das Kind körperlich und seelisch misshandeln oder vernachlässigen), hat dies für das Kind schwere und leider oft lebenslang spürbare Auswirkungen. In der Entwicklungspsychologie ist heutzutage völlig unstrittig, dass Körperkontakt und emotionale Zuwendung für Säuglinge lebenswichtig ist und dass psychische Deprivation (d. h. wenn ein Kind völlig ohne solche Zuwendung bleibt) zu schweren Entwicklungsstörungen führt.

In Deutschland wurde früher jungen Müttern gesagt, man müsse das Baby auch mal schreien lassen, um ihm beizubringen, dass es warten muss, und um es nicht zu verwöhnen. Die neuere Hirn- und

Bindungsforschung hat jedoch gezeigt, dass das nicht stimmt. Neugeborene können bereits Gefühle wie Angst, Wut oder Trauer empfinden. Das führt zu Stress und um diesen abzubauen, brauchen sie die verlässliche körperliche Nähe einer liebevollen Bezugsperson. Die sichere Bindung, die sich daraus entwickelt, ist der beste Schutz vor psychischen Störungen im späteren Leben.

Was Säuglinge schon alles können. Neuere Studien haben gezeigt, dass die Fähigkeiten von Säuglingen sich schon deutlich früher entwickeln, als man zuvor dachte (ein Überblick findet sich bei Karch, 2001). Schon Neugeborene imitieren die Gesichtsausdrücke ihrer Bezugspersonen (z. B. Mund öffnen, Zunge herausstrecken, Grimassen und Handbewegungen).

Wenige Monate nach der Geburt können Säuglinge mit den Augen einem Objekt folgen, das vor ihnen hin und her bewegt wird. Sie betrachten ihre eigenen Finger und stecken sie in den Mund. Über Sehen, Schmecken, Berühren und Bewegen lernen sie ihren eigenen Körper kennen. Sie betasten ihre eigenen Hände und Füße und bilden ein inneres Abbild davon in ihrem Gehirn: In dem Teil der Großhirnrinde, der somatosensorischer Kortex genannt wird, wird für jeden Körperteil ein entsprechendes Areal gebildet, das sich durch zunehmende Erfahrung verändert und differenziert. Mit vier bis fünf Monaten kann das Kind schon gezielt nach Dingen greifen und erweitert dadurch seine Möglichkeiten, neue Tasterfahrungen zu machen.

Ab dem Alter von ca. 18–20 Monaten erkennen Kinder ihr eigenes Spiegelbild. Das kann man nachweisen durch den sogenannten »Rouge-Test«, bei dem dem Kind in einem unbemerkten Moment ein kleiner Tupfer rote Farbe auf die Stirn gemalt wird (wenn das Kind den Tupfen im Spiegel bemerkt, greift es dann an die eigene Stirn und nicht an den Spiegel wie ein kleineres Kind). Im Alter von zwei Jahren können viele Kinder auch schon auf ihre Körperteile zeigen und diese als Arm, Bauch, Nase oder Auge bezeichnen.

Natürlicher Bewegungs- und Entdeckerdrang. Die Bewegungsentwicklung dauert bei jedem Kind unterschiedlich lange. Kinder haben einen natürlichen Bewegungs- und Entdeckerdrang. Sie entwickeln ein positives Körpergefühl durch Aktivität – herumrennen, alles anfassen und beschnuppern, Dinge in den Mund stecken, einen Hang hinunterkullern, sich im Kreis drehen, bis ihnen schwindelig wird, so laut schreien oder singen wie sie können usw. Dabei entwickeln sie ein Gefühl dafür, was ihr Körper kann, verbessern immer weiter ihre Geschicklichkeit und erleben die unterschiedlichsten Sinneserfahrungen (z. B. dass es »aua« macht, wenn man den heißen Kochtopf anfasst, oder dass man im Wasser nass wird). Sie erforschen auch neugierig und unbefangen ihren eigenen Körper und seine Ausscheidungen. Dabei kennen Kinder keine Tabuzonen, weil sie die Bewertungen und Moralvorstellungen der Erwachsenen – z. B. welche Körperteile als »pfui« gelten und nicht in der Öffentlichkeit angefasst oder gezeigt werden sollen – noch nicht kennen.

Unterstützen Sie Ihr Kind dabei, ein positives Körpergefühl zu entwickeln

Vielleicht haben Sie selbst Kinder. Dann möchte ich Sie bitten, sich jetzt einmal an die Situationen zu erinnern, in denen es Ihnen bisher schon sehr gut gelungen ist, Ihrem Kind ein positives Körpergefühl zu vermitteln. Vielleicht ganz unwillkürlich, selbstverständlich und mühelos, sodass es Ihnen erst jetzt, wo Sie darüber nachdenken, überhaupt bewusst wird.

Ich denke dabei z. B. an solche Dinge wie:

► dass Sie schon in der Schwangerschaft auf Alkohol, Zigaretten oder andere Drogen verzichteten und auch Ihre eigene Stressbelastung in Grenzen hielten, sodass Sie selbst in vielen Momenten entspannt und zufrieden waren und sich auf das Kind freuen konnten

► dass Sie für die wichtigen Grundbedürfnisse Ihres Kindes nach Schlaf, Nahrung, Bewegung, Nähe, Wärme, Körperkontakt und Zuwendung sorgten

► dass Sie einen liebevollen körperlichen Umgang mit Ihrem Kind pflegten, es umarmten, mit ihm kuschelten, es massierten oder knuddelten

► dass Sie ihm halfen, sich wieder zu beruhigen, wenn es aufgeregt war, weinte oder schrie, es z. B. liebevoll in den Arm nahmen, wiegten und trösteten

- dass Sie Ihrem Kind beim Entdecken seiner Körperwahrnehmung halfen, indem Sie es dazu ermunterten, auf seine Empfindungen zu achten oder ihm Fragen dazu stellten (wie z. B. »Bist du wütend?« oder »Ist dir zu warm?« oder »Hast du Hunger?« oder »Was magst du denn so am Baden?«)
- dass Sie Spiele mit ihm spielten, die die Körperwahrnehmung fördern, ihm z. B. Figuren auf den Rücken zeichneten und diese erraten ließen, oder rhythmische Tanz-, Klopf- oder Singspiele mit ihm machten
- dass Sie es dazu ermutigten, seine Umwelt aktiv zu erkunden und seinen natürlichen Bewegungsdrang auszuleben
- dass Sie ihm dabei halfen, Momente der Stille und Ruhe zu erleben und sich im Innehalten und Ausruhen der eigenen Körperempfindungen bewusst zu werden (z. B. in Form ritualisierter kleiner Auszeiten an bestimmten Stellen des Alltags)
- dass Sie es respektierten, wenn Ihr Kind sich gegen körperliche Nähe wehrte, ihm damit zeigten, dass es selbst entscheiden kann, wen es küssen oder knuddeln möchte und wen nicht, und ihm damit ein Gefühl von Souveränität über die eigenen Körpergrenzen vermittelten.

Möglicherweise tauchen nun in Ihrer Erinnerung auch Situationen auf, die schwierig waren oder mit denen Sie im Nachhinein unzufrieden sind. Wenn Sie sich diese vergegenwärtigen, können Sie sich fragen: Was steckte dahinter? Lag es daran, dass Ihr Kind Schwierigkeiten mit etwas hatte oder eher Sie selbst? Oder waren es die Rahmenbedingungen Ihrer Umwelt, die eine Rolle spielten? Wie unbefangen konnten Sie in diesen Situationen mit Ihrem eigenen Körper und dem Ihres Kindes umgehen?

Sie können sich auch vergegenwärtigen, wie Sie im Alltag mit Ihrem Kind sprechen. Vielleicht ist es Ihnen schon in vielen Momenten ganz leicht und selbstverständlich gelungen, Ihr Kind in seinem Selbstvertrauen zu bestärken. In anderen Situationen geschah es möglicherweise, dass Sätze, die Sie unbedacht sagten, von Ihrem Kind als entmutigend oder vielleicht sogar als demütigend und verletzend empfunden werden konnten. Dies passiert besonders leicht dann, wenn man selbst als Kind oft solche Sätze hörte (wie etwa »Du kriegst das doch sowieso nicht hin«, »Du hast zwei linke Hände«, »Aus dir wird nie etwas Gescheites werden« oder »Du bist doch viel zu fett für so ein Kleid«) und wenn man auch sich selbst gegenüber sehr kritisch ist.

Wenn Sie darüber nachdenken, achten Sie genau auf Ihren Körper: Sind Sie zufrieden? Vielleicht sogar ein wenig stolz auf sich? Fühlt sich Ihr Körper dabei entspannt und locker an, spüren Sie ein warmes, wohliges Gefühl im Brust- oder Bauchraum und ein inneres Lächeln? Bemerken Sie bei anderen Erinnerungen noch jetzt eine gewisse Anspannung in sich, ein Herzklopfen oder ein Stocken des Atems? Das ist völlig in Ordnung, beobachten Sie es einfach. Ihr Körper vermittelt Ihnen in diesem Moment des Innehaltens genau die Punkte, denen Sie ab sofort neue Achtsamkeit und Gestaltungsphantasie schenken können. Auch die unangenehmen Erinnerungen sind willkommen, aus denen vielleicht in diesem Moment neue Erkenntnisse erwachsen. Sie können in jedem Augenblick Ihres Lebens damit beginnen, Dinge anders zu machen als bisher.

Wozu brauchen wir überhaupt unsere Körperwahrnehmung?

Im Alltag wird uns oft gar nicht bewusst, dass wir eine Körperwahrnehmung haben, wir beachten Sie in vielen Momenten gar nicht weiter. Aber stellen Sie sich einmal vor, Sie hätten alle die oben geschilderten Fähigkeiten zur Eigenwahrnehmung nicht: Was würde das bedeuten?

▶ Sie könnten nicht mehr aufrecht stehen oder geradeaus laufen, ohne hinzufallen.

▶ Sie könnten keinen Ball werfen und keine Kiste hochheben.

▶ Bei dem Versuch, einen Löffel mit Essen zum Mund zu führen, würden Sie daneben zielen.

▶ Sie könnten nicht mehr unterscheiden, ob das Essen warm oder kalt ist, und würden es nicht bemerken, wenn Sie sich die »Zunge verbrennen«.

▶ Sie würden auch nicht bemerken, dass Sie Hunger haben, oder wann Ihr Magen voll ist und Sie mit dem Essen aufhören sollten.

Solche Ausfallerscheinungen können Sie beobachten bei Menschen, deren Nervensystem nicht mehr richtig funktioniert (z. B. nach einem Schlaganfall oder bei einer neurologischen Erkrankung).

Die Eigenwahrnehmung ist also eine sehr wichtige, man kann ohne Übertreibung sogar sagen: lebenswichtige Sache. Sie ist unter anderem die Grundlage dafür, Bewegungen zielgerichtet steuern zu können, und damit Grundlage für einen großen Teil unseres Alltagsverhaltens.

Entscheidungen treffen können – wofür wir die Körperwahrnehmung sonst noch brauchen

Über die naheliegenden Funktionen der Körperwahrnehmung hinaus gibt es aber noch einen weiteren faszinierenden Aspekt: Wir brauchen die Wahrnehmung körperlicher Signale, um Entscheidungen treffen zu können.

Der Gehirnforscher Antonio Damasio (1994) stellte fest, dass Patienten mit schweren Gehirnverletzungen oder -erkrankungen, deren Eigenwahrnehmung gestört war (d. h. die ihren eigenen Körper und ihre Gefühle nicht mehr wahrnehmen konnten, weil die dafür zuständigen Bereiche des Gehirns nicht mehr richtig funktionierten), noch ein weiteres Problem bekamen: Sie konnten keine Entscheidungen mehr treffen. Sie verloren z. B. Geld beim Kartenspiel, weil sie nicht mehr in der Lage waren, die dabei nötigen Entscheidungen sinnvoll zu treffen.

Im Alltag stehen wir den ganzen Tag über vor vielen kleinen Entscheidungen, oft ohne uns dessen überhaupt bewusst zu werden: Welche von den zehn verschiedenen Zahnpasta-Marken im Drogeriemarkt kaufe ich? Esse ich noch ein Käsebrot oder lieber ein Wurstbrot, und dazu eine Tomate oder ein Gürkchen? Gehe ich jetzt sofort auf die Toilette oder warte ich noch bis zur nächsten Werbepause?

Ein Mensch, der versuchen würde, alle diese Entscheidungen mit seinem Verstand zu treffen (aufgrund logischer Überlegungen und unter Abwägung aller verfügbaren Fakten und Argumente) würde dafür unendlich lange brauchen. Allein die Recherchearbeit, die notwendig wäre, um eine vom Verstand nach den Gesetzen der Logik gut durchdachte Entscheidung für die beste Sorte Zahnpasta zu treffen, könnte tagelang dauern. Da wir dafür im Alltag überhaupt keine Zeit haben, verlassen wir uns stattdessen in der Regel auf unser »Bauchgefühl«: Ich sehe die Zahnpasta mit dem schönen Kräuterbild darauf und der besonders großen Tube, habe dabei spontan ein gutes Gefühl, dann nehme ich die.

D. h., beim Treffen von Entscheidungen ist insgesamt der bewusste, logisch arbeitende Verstand viel weniger wichtig, als wir gemeinhin denken. Unser gesammeltes emotionales Erfahrungswissen spielt dabei eine sehr viel größere Rolle, und das äußert sich eben in dem, was wir »Bauchgefühl« nennen. Damasio (1994) prägte dafür den Begriff »somatische Marker«. Unser Magen-Darm-Trakt enthält ein weit verzweigtes, komplexes Netzwerk von Nervenzellen, das von manchen Autoren auch als »zweites Gehirn« oder »Darmhirn« bezeichnet wird, und das u. a. über den Vagusnerv (dieser ist ein wichtiger Teil des parasympathischen, autonomen Nervensystems) in einem intensiven Informationsaustausch mit unserem Gehirn verbunden ist. Dies ist die physiologische Grundlage der Wechselbeziehung zwischen unserem bewussten Denken und unserem Bauchgefühl.

Im Gegensatz zu der sehr gründlichen, aber auch langsamen Funktionsweise des Verstandes sind die somatischen Marker sehr schnell (innerhalb weniger Millisekunden) spürbar. Sie unterscheiden nur zwischen Annäherung und Ablehnung, also zwischen »mag ich, gefällt mir, will ich haben« (»gutes Gefühl«, z. B. warm ums Herz, freies Gefühl in der Brust, Wärme im Bauch, innere Freude) und »igitt, mag ich nicht, nur weg damit« oder »Achtung Gefahr« (»ungutes Gefühl«, z. B. Druck im Magen, Enge in der Brust, Kloß im Hals). Eine solche schnell verfügbare und klar spürbare Entscheidungsinstanz zu haben, ist von größter Wichtigkeit, vor allem in gefährlichen Situationen. Wir alle sind nicht die Nachfahren derjenigen Menschen, die erst mal ganz lange und gründlich nachgedacht haben, wenn ein gefährliches Raubtier auf sie zukam, sondern von denen, die schnell weggerannt und auf den Baum geklettert sind.

Durch Lernen verändert sich unser Gehirn
Im vorigen Kapitel erwähnte ich, dass es im Gehirn bestimmte Bereiche gibt, die für die Eigenwahrnehmung zuständig sind. Im sogenannten somatosensorischen Kortex (das ist ein Teil der Großhirnrinde) ist jedem Körperteil ein bestimmtes Areal zugeordnet, das durch Übung und Erfahrung größer und leistungsfähiger wird.

Durch jede Erfahrung, die wir machen, verändert sich unser Gehirn. Je genauer eine bestimmte Form von Wahrnehmung trainiert wird, desto genauer kann das Gehirn sie einordnen und verarbeiten. Stellen Sie sich z. B. einmal vor, Sie wären ein Profimusiker und würden jeden Tag stundenlang Geige spielen. Sie hätten dann Ihr Gehirn durch jahrelanges intensives Training darin geschult, Musik sehr differenziert wahrzunehmen: Tonhöhen, Klangfarben, Rhythmus, Dynamik. Sie hätten auch die Feinmotorik, die Sie zum Spielen Ihrer Geige brauchen würden, sehr gut trainiert: Wie halte ich meinen Kopf, die Schultern und Arme? Wie viel Druck üben die einzelnen Finger auf die Saiten aus? Wie hoch hebe ich die Finger und wie stark lasse ich sie vibrieren? Wie müssen sie sich bewegen, um bestimmte Klangfarben zu erzeugen? Und so weiter. Wenn man nun Ihr Gehirn untersuchen würde, würde man feststellen, dass es sich durch dieses Training messbar verändert und spezialisiert hat.

Das gilt für jede Art von gezieltem Training: Wenn man etwas über längere Zeit intensiv übt, dann verändern sich dadurch die Verknüpfungen im Gehirn. Die Fähigkeiten, die wir oft nutzen und intensiv üben, werden im Gehirn gut verankert und ausdifferenziert. Die Fähigkeiten, die wir nicht nutzen, verkümmern (»use it or lose it«). Das ist auch der Grund dafür, warum man sich z. B. beim Nachlassen des Gehörs rechtzeitig ein Hörgerät anpassen lassen sollte, bevor die Strukturen zur Gehörverarbeitung im Gehirn verlernt haben, wie sie Höreindrücke verarbeiten und filtern können.

Auch für die Körperwahrnehmung gilt: Je intensiver und differenzierter Sie trainieren, desto mehr und genauer können Sie wahrnehmen. In Kapitel 5 werde ich Ihnen einige Methoden vorstellen, die für ein solches Training entwickelt worden sind.

Auch die Eigenwahrnehmung ist immer eine Konstruktionsleistung unseres Gehirns

Jede Wahrnehmung ist eine Konstruktionsleistung unseres Gehirns, in die unser Wissen und unsere Vorerfahrungen mit einfließen (s. o.). Dasselbe gilt natürlich auch für unsere Eigenwahrnehmung. Wenn z. B. drei verschiedene Menschen genau dasselbe leichte Stechen im Brustkorb spüren, erleben sie das unter Umständen völlig unterschiedlich: Paul ignoriert das Stechen einfach, kümmert sich gar nicht darum und nimmt es nur am Rande seines Bewusstseins wahr. Er könnte es auch nicht näher beschreiben, wenn man ihn danach fragen würde.

Klara nimmt wahr: »Oh, da ist wieder dieser typische stechende Schmerz zwischen den Schulterblättern, der von meiner Brustwirbelsäule kommt, das kenne ich ja schon, da habe ich wohl wieder zu lange am Computer gesessen.« Sie nimmt sich vor, heute früher Schluss zu machen und endlich mal wieder zum Rückentraining zu gehen.

Robert dagegen hat bereits einen Herzinfarkt hinter sich und nimmt das leichte Stechen im Brustkorb verständlicherweise als eine höchst lebensbedrohliche und angsterregende Empfindung wahr. Er bittet seine Frau, ihn sofort in die Notaufnahme zu fahren, und je genauer er sich auf das Stechen konzentriert, desto stärker wird es. Er bekommt eine voll ausgeprägte Panikattacke mit Herzrasen, Atemnot und Todesangst.

Das heißt, auch unsere Innenwahrnehmung ist kein »objektives« Abbild der »Wahrheit« oder »Wirklichkeit«, sondern immer beeinflusst davon, was wir denken, was wir erwarten, was wir uns wünschen oder erhoffen, oder was wir fürchten.

Offen sein für überraschende Erfahrungen

Auch unsere Meinungen, Einstellungen und Glaubenssätze können einen großen Einfluss darauf haben, wie wir unseren Körper wahrnehmen, welche Empfindungen wir z. B. beachten und welche nicht, oder für welche Arten von Erfahrung wir überhaupt offen sind. Vielleicht haben Sie so etwas auch schon einmal erlebt: Sie waren in einer Rehaklinik (z. B. wegen Rückenschmerzen) und wurden dort vom Arzt im Rahmen des Standardprogramms einfach in eine Gesprächsgruppe gesteckt, ohne gefragt zu werden, ob Sie das überhaupt möchten. Unter Anleitung der Psychologin sollten Sie dort irgendwelche Entspannungs- oder Atemübungen machen, auf die Sie in diesem Moment gar keine Lust hatten. Das waren möglicherweise sogar sehr sinnvolle und eigentlich hilfreiche Übungen, aber unter diesen Umständen konnten Sie sich gar nicht dafür begeistern. Vielleicht, weil Sie sich nicht ernst genommen fühlten oder weil Sie die Psychologin unsympathisch fanden oder weil Sie einfach lieber Ihre Ruhe gehabt hätten, statt den ganzen Tag Übungen machen zu sollen. Vielleicht hatten Sie auch schon im Vorfeld eine sehr klare Meinung darüber, wie nützlich solche Übungen überhaupt sein können, wie z. B.: »Gegen Stress kann man nichts machen« oder »Entspannungsübungen funktionieren bei mir sowieso nicht« oder »Meine Schmerzen sind immer gleich schlimm, ganz egal was ich tue«.

Solche ungünstigen Rahmenbedingungen können dazu führen, dass es sehr schwerfällt, sich auf neue Erfahrungen einzulassen. Man macht dann eine Übung zwar äußerlich (mehr oder weniger widerwillig) mit, wird dabei aber in der Regel nur wenige erfreuliche oder interessante Erfahrungen machen können, weil man innerlich gar nicht wirklich offen ist dafür.

Tipp

Wenn Sie Ihre Körperwahrnehmung schulen und verbessern möchten, ist es hilfreich, neugierig zu sein. Sie sollten eine experimentelle Grundhaltung einnehmen, um sich auch auf neue und überraschende Erfahrungen einlassen zu können.

Eine festgelegte Meinung darüber zu haben, wie die Dinge »sind und immer bleiben werden«, schützt uns im Alltag vor Verunsicherung. Es gibt uns das sichere Gefühl, zu wissen, wie wir sind und wie die

Welt ist. Das kann sehr wertvoll sein. Gleichzeitig hindert es uns aber oft auch daran, die Realität des gegenwärtigen Augenblicks unvoreingenommen wahrzunehmen. Wenn Sie Unerwartetes entdecken wollen, ist es daher nützlich, bei aller gebotenen Vorsicht auch einem gewissen Abenteuergeist Raum zu geben und die eigenen Denkmuster und Glaubenssätze immer mal wieder in Frage zu stellen. Sie brauchen nichts zu glauben von dem, was ich schreibe. Probieren Sie es einfach aus und bleiben Sie dabei offen für neue Eindrücke. So kommen Sie zu einer eigenen Einschätzung, ohne sich festzufahren.

3 Wenn Menschen ihren Körper nicht spüren

Derjenige, der die Engel und Teufel nicht gesehen hat
in den Wundern und Widerwärtigkeiten des Lebens,
dessen Herz bleibt ohne Erkenntnis
und dessen Seele ohne Verständnis.

Khalil Gibran

Nun stellt sich die Frage: Wenn Körperwahrnehmung etwas so grundlegend Wichtiges ist, wie kann es dann sein, dass so viele Menschen sich damit schwertun? Wie kommt es, dass so viele Menschen entweder gar nicht erst gelernt haben, ihren Körper wahrzunehmen, oder sogar absichtlich ihre Körperempfindungen ignorieren oder unterdrücken?

Einerseits kann es ja ein Genuss und eine Freude sein, den eigenen Körper zu spüren:

▶ ein wohlig warmes, weiches Gefühl im Mund beim Essen
▶ eine angenehm kühle Empfindung auf der Haut, wenn sie sanft und erfrischend vom Wind gestreichelt wird
▶ das freie Strömen des Atems im Brustkorb, wenn du ganz entspannt bist
▶ das lebendige Prickeln von Wachheit und Energie im ganzen Körper beim flotten Spazierengehen
▶ das warm strömende Gefühl im Bauch, wenn ein geliebter Mensch dich in den Arm nimmt
▶ der kraftvolle Energieschub der Erregung bei einer leidenschaftlichen sexuellen Begegnung, und danach eine wohlige Empfindung von Gelöstheit, Entspannung und Befriedigung im ganzen Körper
▶ das sprudelnd leichte Gefühl im Herzbereich, wenn Freude in dir aufsteigt, einfach so, ohne bestimmten Grund

Andererseits gibt es aber auch eine ganze Menge unangenehmer Empfindungen, die im Körper spürbar werden können:

► Ein stechender Schmerz im Kniegelenk beim Bergab-Gehen.

► Ein Druck im Brustkorb, ein dumpfes Rumoren im Bauch, der Hals ganz zugeschnürt, der Mund trocken wie Papier, das Herz klopft zum Zerspringen, du hast Angst.

► Das Gesicht wird heiß, im Magen wühlt es kalt, du schämst dich.

► Dein Kopf fühlt sich an, als würde er gleich platzen, Hitze steigt in dir auf, du zitterst vor Wut, wohin mit dieser Energie?

► Ein zunehmender Druck auf der Blase, und keine Toilette weit und breit.

► Der Rücken tut weh, aber wenn du jetzt eine Pause machst, könnte der Chef sauer werden.

Gefühle aller Art spüren wir in unserem Körper. Und jeder von uns kennt das: Unangenehmen Gefühlen gehen wir meistens lieber aus dem Weg. Manche Menschen haben sich richtiggehend darauf trainiert, ihren Körper nicht mehr zu spüren, die auftretenden Körperempfindungen auszuschalten, auszublenden, wegzuschieben, dann sind nämlich auch die unangenehmen Gefühle weg.

Die »Körperlosen« und die »Unsicheren«

Die Psychologin Maja Storch (2011) unterscheidet bei Menschen, die ihrer eigenen Körperwahrnehmung nicht vertrauen, zwischen den »Körperlosen«, die ihren Körper gar nicht (mehr) wahrnehmen, und den »Unsicheren«, die ihre Körpersignale zwar durchaus wahrnehmen, sich aber bei ihren alltäglichen Entscheidungen nicht nach ihnen richten.

Stellen Sie sich z. B. einmal folgende Situation vor: Sie haben endlich Wochenende. Die ganze Woche war sehr anstrengend, und

Sie freuen sich schon so richtig auf einen gemütlichen Samstag mit Ihrer Familie. Sie haben ein dringendes Bedürfnis nach Ruhe und Erholung. Die Einkäufe haben Sie schon am Freitagabend erledigt und Sie haben vor, heute mit Ihrer kleinen Tochter zusammen einen Ausflug zu machen. Darauf freuen Sie sich schon sehr, denn es ist schönes Wetter und die Sonne scheint. Mitten in diese Vorfreude hinein klingelt das Telefon. Ihre Mutter ist dran. Sie ist 70 Jahre alt, gehbehindert, wohnt im Nachbardorf, und verfügt über eine sehr bestimmende Persönlichkeit. Sie hat da gerade eben in der Zeitung etwas von einem Sonderangebot gelesen und möchte unbedingt, dass Sie *jetzt sofort* mit ihr in das große »Kaufparadies« in der nahe gelegenen Kreisstadt fahren, um in verschiedenen Möbelmärkten Preise zu vergleichen und eventuell auch umfangreiche Einkäufe zu tätigen.

So wie Sie selbst sich kennen: Was tun Sie typischerweise in einer solchen Situation? Bitte beantworten Sie sich diese Frage, bevor Sie weiterlesen.

Reagieren Sie selbstsicher? Eine selbstsichere Person mit einem guten Zugang zu sich selbst und zu den eigenen Körperempfindungen, die auf diese auch hört und sich nach ihnen richtet, würde in dieser Situation mit hoher Wahrscheinlichkeit ganz deutlich spüren: »Nein, das will ich jetzt nicht tun. Mein Gefühl im Bauch sagt mir eindeutig, dass ich auf Menschenmassen im ›Kaufparadies‹ und Autofahren im Stoßverkehr jetzt gar keine Lust habe. Ich brauche jetzt ganz dringend Erholung.« Sie würde einen Weg finden, der Mutter den eigenen Standpunkt klarzumachen und mit ihr eine andere Lösung auszuhandeln (z. B. an einem anderen Tag mit ihr einkaufen zu gehen).

Wenn Sie allerdings zu den »Körperlosen« (die ihren Körper und damit auch ihre Gefühle nicht wahrnehmen) oder zu den »Unsicheren« (die ihre Körpersignale zwar wahrnehmen, sich aber nicht nach ihnen richten) gehören, besteht eine hohe Wahrscheinlichkeit, dass Sie über Ihr eigenes Bedürfnis nach Ruhe und Erholung hinweggehen und mit der Mutter ins »Kaufparadies« fahren würden. Sie wären hinterher völlig fertig von dem Gedränge und dem unterdrückten Ärger in Ihrem Inneren und der ersehnte Ausflug würde ins Wasser fallen.

Die »Körperlosen«. Gehören Sie zu den Menschen, die im Alltag ihre eigenen Gefühle und Körperempfindungen gar nicht wahrnehmen? Dann entscheiden Sie in einer solchen Situation vermutlich »nur mit dem Kopf« (anhand logischer Sachargumente), dass es jetzt richtig ist, mit der Mutter einkaufen zu fahren. Sie spüren gar nicht, was Ihre eigentlichen Bedürfnisse im Moment sind, und dass Sie sie gerade unterdrückt haben. Die Wahrscheinlichkeit ist daher hoch, dass es Ihnen in den darauffolgenden Tagen nicht gut geht (dass sich z. B. Ihre Rücken- oder Kopfschmerzen stark verschlimmern), dass Ihnen aber gar nicht klar ist, warum.

D. h., Sie sollten zunächst einmal lernen, die Signale Ihres eigenen Körpers überhaupt wahrzunehmen, denn das ist die Grundlage dafür, klare Entscheidungen treffen zu können, die die eigenen Bedürfnisse angemessen berücksichtigen (z. B.: »Möchte ich das jetzt tun oder nicht?«). Dabei können die in diesem Buch beschriebenen Übungen hilfreich sein (z. B. die Körperspürübung »Body-Scan«, Kap. 6, oder die Übung »Atemräume« in Kap. 7).

Die »Unsicheren«. Wenn Sie dagegen zu den »Unsicheren« gehören, spüren Sie in solchen oder vergleichbaren Situationen sehr wohl, was Ihr Körper Ihnen sagt, bemerken z. B. das grummelnde Gefühl im Magen, das ganz deutlich sagt: »Nein, das passt mir jetzt gar nicht, ich brauche jetzt Ruhe.« Sie nehmen also Ihre eigenen Bedürfnisse durchaus wahr, *richten sich aber nicht nach ihnen*, weil Ihre inneren Einstellungen und Überzeugungen dem entgegenstehen. Vielleicht denken Sie z. B.: »Ich muss immer jederzeit sofort für meine Mutter da sein« oder »Ich darf nicht Nein sagen, wenn mich jemand um etwas bittet, sonst könnte ich seine Liebe verlieren« oder »Ich bin nicht so wichtig, Hauptsache den anderen geht es gut«.

Das heißt, Sie haben bereits die Fähigkeit, Ihren Körper spüren zu können. Wenn Sie lernen möchten, diese bereits vorhandene Kompetenz noch besser zu nutzen und Ihren eigenen Bedürfnissen im Alltag mehr Raum zu verschaffen, wäre es nützlich, einmal in Ruhe *die eigenen Einstellungen zu überdenken*. Eine sinnvolle Veränderung könnte z. B. in diese Richtung gehen: »Meine eigenen Gefühle und Bedürfnisse und meine eigene Gesundheit sind genauso wichtig wie die der anderen Menschen und müssen daher angemessen berücksichtigt werden. Ich habe ein Recht darauf, für mein eigenes Wohl zu sorgen«. In Kapitel 10 finden Sie Vorschläge für Übungen, die Ihnen möglicherweise weiterhelfen können. Vielleicht möchten Sie auch Ihre Durchsetzungsfähigkeit und Konfliktbereitschaft trainieren, um bei Bedarf Nein sagen und Ihre Interessen wirksam vertreten zu können. Dann wäre es sinnvoll, sich mit Kapitel 9, in dem es um Körperhaltung geht, näher zu beschäftigen.

Wann haben Sie gelernt, Ihren Körper zu ignorieren?

Falls Sie feststellen, dass Sie sich bisher um Ihren Körper und seine Empfindungen sehr wenig gekümmert haben, ist eine interessante Frage: Seit wann ist das denn so bei Ihnen?

Bei Menschen, die gelernt haben, ihre Gefühle und Körperempfindungen zu ignorieren oder wegzuschieben, kann dieser Lernprozess schon sehr früh im Leben geschehen sein, im frühen Kindesalter, lange bevor sie lernten, solche Dinge in Worte zu fassen, dann ist diesen Menschen das oft gar nicht bewusst.

Eine frühe Lernerfahrung. Sarahs Eltern z. B. hatten fünf Kinder und sehr viel Arbeit. Weil ihrer Oma kurz vor Sarahs Geburt ein Sohn gestorben war, war sie sehr traurig. Sarah wurde von ihren Eltern schon als Säugling bis zum Grundschulalter zu ihrer Oma gegeben, »damit sie auch ein Kind hat« und damit die Mutter arbeiten gehen konnte. Sarah war eigentlich ein fröhliches, gesundes Kind, aber ihre Oma war so traurig, dass sie nicht zurücklächeln konnte, wenn Sarah lächelte. Sarah lernte schon als ganz kleines Kind, sie zu trösten und ihr zuzuhören, wenn sie grausige Geschichten über die »böse Welt da draußen« erzählte. Sie ging auch mit ihrer Oma zum Arzt, weil die sich nicht alleine aus dem Haus traute. Sarah ist inzwischen erwachsen und noch heute ist es für sie ein ganz »komisches Gefühl«, sich zu freuen oder etwas zu genießen (»Als ob ich das eigentlich nicht dürfte«). Sie sieht sich pausenlos in der Pflicht, für die anderen da sein zu müssen. Sie nimmt sich immer wieder vor, Nein zu sagen (wenn z. B. ihr Mann etwas tut, was ihr nicht passt), aber dann hat sie so ein unangenehmes Gefühl im Bauch, das sie gar nicht recht in Worte fassen kann, und tut es dann doch nicht. Ihr Verstand sagt ihr, dass sie mehr für ihr eigenes Wohlbefinden tun sollte, aber irgendwie kriegt sie das einfach nicht hin und weiß nicht, warum.

Der Weg in das »Burnout«. Menschen, die schon früh in der Kindheit gelernt haben, ihre eigenen Körpersignale zu ignorieren und zu übergehen, neigen als Erwachsene oft dazu, sich gnadenlos zu überlasten. Sie arbeiten und bringen Leistung ohne Pause, bis zum totalen Zusammenbruch, weil sie es nicht schaffen, rechtzeitig Grenzen zu setzen und die auftretenden Erschöpfungssymptome ernst zu nehmen. Sie müssen oft erst einmal lernen, überhaupt wahrzunehmen, wo ihre Grenzen sind, indem sie eine Wahrnehmung für die Signale des eigenen Körpers entwickeln.

Wenn der Kontakt zum Körper erst später abhandenkommt. Es gibt jedoch auch Menschen, die als Kinder zunächst ein gutes Gespür für ihren Körper, ihre Bedürfnisse und Gefühle entwickeln konnten und die dann erst später im Leben Erfahrungen machen, die sie dazu bringen, sich von ihrem Körper abzuwenden. Diese Menschen sind sich dessen oft ganz klar bewusst und können davon berichten.

Peter z. B. erzählt: »In meinem Betrieb muss man jederzeit zu 150 Prozent funktionieren, sonst wird man rausgeschmissen. Wenn einer Schmerzen hat, sagt der Schichtführer: ›Jammer nicht rum, Weicheier brauchen wir hier nicht.‹ Man darf keine Schwäche zeigen, sonst wird man von den Kollegen niedergemacht. Seit so viele Leute entlassen worden sind, geht es jeder gegen jeden, da gibt es keine Solidarität mehr. Ich habe mir schon lange abgewöhnt, auf die Signale meines Körpers zu achten, das geht einfach gar nicht, solange ich da arbeite.«

Bei diesen Menschen geht es eher darum, das Vertrauen in die eigenen Körpersignale wieder herzustellen und über die eigenen Prioritäten nachzudenken: Was ist mir wirklich wichtig? Wie möchte ich mein Leben leben, und welche Ziele sind mir am wichtigsten? Was bin ich bereit, für diese Ziele zu opfern und was nicht? Bin ich z. B. bereit, mich völlig zu verausgaben und meine eigene Gesundheit zu opfern, um diesen Arbeitsplatz zu behalten?

Scheinbar das Gegenteil: ängstliche Selbstbeobachtung

Nun gibt es aber auch Menschen, die gehen scheinbar den entgegengesetzten Weg. Manchmal ist der Auslöser ein körperlicher oder seelischer Zusammenbruch (z. B. ein Herzinfarkt oder ein Burnout-Syndrom), der dazu führt, dass diese Menschen das Vertrauen in ihre körperliche Belastbarkeit völlig verlieren. Sie ignorieren ihren Körper nicht, sondern fangen an, ihn ganz besonders ängstlich und aufmerksam zu beobachten. Was also die »Körperlosen« zu wenig tun, tun sie zu viel. Jedes Zwicken im Magen, jede Unregelmäßigkeit im Herzschlag, jedes leichte Schwindelgefühl wird besorgt registriert und als bedrohlich erlebt. Wenn der Arzt ihnen sagt, die Symptome seien harmlos, ist das für sie keine gute Nachricht, sondern nur ein Hinweis darauf, dass er sie noch nicht sorgfältig genug untersucht und vielleicht doch etwas Gefährliches übersehen hat.

Eine ausgeprägte Überängstlichkeit kann dazu führen, dass man versucht, jeder Belastung aus dem Weg zu gehen. Kein Streit mehr: »Ich darf mich nicht aufregen«. Kein Sport mehr: »Da könnte mir wieder schwindelig werden.« Kein Spaziergang durch den Regen: »Da könnte ich mich erkälten.« Ein solches Verhalten ist zwar aus der Sicht des Betroffenen verständlich, aber dennoch wenig hilfreich. Und Sie merken vielleicht schon: Es ist nur scheinbar das Gegenteil davon, den eigenen Körper nicht mehr zu beachten, denn der Sinn dahinter ist letztlich genau derselbe: der Versuch von Kontrolle. Man hofft, den unangenehmen Körperempfindungen und Gefühlen aus dem Weg zu gehen, sie »wegmachen« zu können, indem man alle Belastungen und potenziell gefährlichen Einflüsse von vornherein ausschaltet. Leider funktioniert diese Strategie jedoch meistens nicht besonders gut, denn der menschliche Organismus bleibt nur dann dauerhaft gesund und leistungsfähig, wenn er regelmäßig in ausreichender Weise bewegt und belastet wird (sonst bauen sich Knochengewebe und Muskeln ab, die Kondition und Immunkompetenz verschlechtern sich und so weiter). Auch seelisch führt eine übertriebene Schonhaltung meist nicht zu anhaltender Zufriedenheit, sondern eher zu einer Zunahme der Ängstlichkeit und des Überforderungsgefühls.

Noch ein kleiner Ausflug in die Entwicklungspsychologie: das Erkennen und Benennen von Gefühlen

Wann und wie lernt man denn überhaupt, Gefühle wahrzunehmen, zu erkennen und ihnen einen Namen zu geben? Um das besser zu verstehen, möchte ich Sie noch einmal zu einem kleinen Ausflug in die Entwicklungspsychologie einladen.

Früher dachte man, ganz kleine Kinder können noch nicht viel. Die moderne Säuglingsforschung hat jedoch gezeigt, dass schon Säuglinge in etwa 50 Prozent aller Kontakte zur Mutter selbst aktiv werden. Sie nehmen Kontakt zu ihren Bezugspersonen auf und zeigen dabei ihre Gefühle. Schon ganz kleine Kinder können die Gefühle anderer Menschen erkennen (z. B. am Gesichtsausdruck) und mitfühlen (dafür haben wir in unserem Gehirn Nervenzellen, die als Spiegelneurone bezeichnet werden).

Bindung und Abgrenzung bei Säuglingen. Der Körperpsychotherapeut George Downing (1996) beschreibt zwei grundlegende Formen, wie Säuglinge sich selbst erleben und verhalten (sog. affektmotorische Schemata): Von Geburt an zeigt der Säugling sowohl »Verbindungsschemata« (er weint, nimmt aktiv Blickkontakt auf, streckt die Ärmchen aus usw.) als auch »Abgrenzungsschemata« (er macht sich steif, dreht das Köpfchen weg, unterbricht den Blickkontakt usw.; man könnte das beschreiben als nicht-sprachliches, körperlich ausgedrücktes »Nein-Sagen«).

Früher dachte man, das Abgrenzungsschema entwickle sich erst nach ca. sechs Lebensmonaten. Neuere Studien zeigen jedoch, dass schon von Anfang an beide Verhaltensmöglichkeiten da sind und vom Kind auch aktiv genutzt werden (im Rahmen seiner muskulären Möglichkeiten). Auf diese Weise bringen schon ganz kleine

Kinder ihre eigenen Bedürfnisse zum Ausdruck und treten in einen rhythmischen Austausch mit ihren Bezugspersonen. Diese wiederum nehmen dadurch, wie sie das Verhalten des Kindes beantworten, Einfluss darauf, wie sich diese Muster beim Kind ausprägen können. Dieser Prozess läuft ganz unbewusst ab, und der Erwachsene bringt dabei seine eigenen Muster ins Spiel (z. B. bestimmte Signale mehr zu beachten als andere oder jede Gefühlsäußerung des Kindes in der Intensität zu verstärken oder abzuschwächen).

Interessanterweise hat die Forschung gezeigt, dass eine sichere Bindung nicht durch maximale Häufigkeit von liebevollem Körperkontakt gefördert wird (z. B. das Kind ständig zu umarmen und an sich zu drücken und es beim kleinsten Quieken sofort zu beruhigen), sondern durch eine gute Abstimmung zwischen Kind und Bezugsperson (Downing, 1996). Das heißt, dass die Bezugsperson intuitiv auf den Rhythmus des Kindes eingeht und ihr eigenes Verhalten darauf abstimmt (z. B. dem Kind auch Raum geben kann, sich in kleineren Stressmomenten selbst zu beruhigen oder die Initiative für Berührungen zu ergreifen). Wenn das Baby auf dieser ganz basalen körperlichen Ebene erlebt, dass das Verhalten der Mutter sich verändert, je nachdem, ob es verbindende oder abgrenzende Signale sendet, erwirbt es ein grundlegendes Gefühl von Wirksamkeit:»Ich kann Einfluss nehmen und etwas bewirken.« Wenn es jedoch erlebt, dass sein Rhythmus ständig unterbrochen und seine Signale nicht beachtet werden, macht es von frühester Kindheit an die Erfahrung:»Meine Gefühle haben keine Bedeutung, es hat keinen Sinn, sie auszudrücken« und erwirbt ein grundlegendes Gefühl von Hilflosigkeit. Beim sogenannten »Still-Face-Experiment« (durchgeführt von Tronick et al., 1978, für eine Beschreibung siehe u. a. Downing, 1996; dabei werden drei Monate alte Babys damit konfrontiert, dass die Bezugsperson auf einmal Gesicht und Körperausdruck einfrieren lässt und nicht mehr reagiert) hat sich gezeigt, dass solche Kinder dann gar nicht mehr versuchen, den Kontakt zur Mutter wiederherzustellen, sondern einfach akzeptieren, dass er abbricht.

Gefühle benennen und mit ihnen umgehen lernen. Den verschiedenen Gefühlen einen Namen zu geben und mit ihnen umzugehen, lernt das Kind im weiteren Verlauf von seinen Bezugspersonen. Wenn es

z. B. weint, nimmt die Mutter es liebevoll auf den Arm und sagt:»Na, Schatz, bist du traurig? Komm, wir wischen deine Tränen ab und gehen noch mal da drüben nach den Pferden schauen, hast du Lust?« Eine ganz andere Lernerfahrung macht ein Kind, das in derselben Situation angeschnauzt wird:»Sei endlich still, du Landplage! Ich habe keine Zeit für so einen Blödsinn!« Es lernt, die Empfindung von seelischem Schmerz und Traurigkeit als»lästigen und überflüssigen Blödsinn« einzuordnen und sie zu unterdrücken.

Ein Säugling ist existenziell auf seine Eltern angewiesen. Die Erfahrung, wie die engsten Bezugspersonen auf sein Verhalten reagieren, ist daher eine tiefgreifende und grundlegende. Das Kind macht sie zu einem Zeitpunkt, an dem es noch keine Worte dafür hat und keine schlauen logischen Erklärungen. Wenn die Bezugsperson einfühlsam, liebevoll und entspannt ist, macht das Kind z. B. die Erfahrung:»Wenn ich lächle, lächelt Papa zurück und stupst mich liebevoll in den Bauch, das fühlt sich gut an.« Das Kind entwickelt ein Grundgefühl der Sicherheit im Leben und in sozialen Beziehungen.

Leider haben aber nicht alle Säuglinge das Glück, eine einfühlsame, liebevolle und entspannte Bezugsperson zu haben. Wenn die Mutter z. B. nach der Geburt schwer depressiv ist und deshalb keine Liebe spüren kann, reagiert sie möglicherweise gar nicht auf den Blickkontakt des Kindes. Sie lächelt es nicht an. Sie füttert es zwar, kann ihm aber nicht zeigen, wie man sich beruhigt, weil sie im Moment selbst voller Angst und Anspannung ist. Manche Eltern schaffen es aus den verschiedensten Gründen nicht, sich ihrem Kind liebevoll zuzuwenden und sich um seine Bedürfnisse zu kümmern, misshandeln oder vernachlässigen es sogar massiv. Das Kind lernt dann bspw.:»Wenn ich Wut zeige, werde ich geschlagen und angebrüllt und bekomme nichts mehr zu essen, also unterdrücke ich besser meine Wut.« Später im Leben berichten solche Menschen dann oft ein Grundgefühl wie»Ich dürfte eigentlich gar nicht da sein, ich habe kein Recht, zu leben« oder»Ich bin durch und durch schlecht und unfähig, zu lieben« oder»Die Welt ist ein trauriger und ungerechter Ort und Sicherheit gibt es nirgends«.

Die Erinnerung an diese mächtigen, grundlegenden Erfahrungen kann noch nicht in Worte gekleidet werden und wird im Körper gespeichert. Man gewöhnt sich z. B. an,»auf die Zähne zu beißen«, statt zu weinen, wenn man traurig ist. Das entsprechende Anspannungsmuster der Muskulatur wird zur Gewohnheit. Auf diese Weise können sich frühkindliche Lernerfahrungen auch körperlich niederschlagen und dann im weiteren Leben die Körperwahrnehmung bestimmen.

Muster der »Körperabwehr«. George Downing (1996) beschreibt eine ganze Reihe von typischen Mustern, die sich auf diese Weise entwickeln können:

▶ Bei manchen Menschen sind etwa **bestimmte affektmotorische Schemata unter- oder überentwickelt** (z. B. die Fähigkeit, sich zu ärgern und wütend zu werden: Es gibt Menschen, die gar nicht wissen, wie sie das tun sollen; andere sind ständig in einem Zustand kämpferischer Aggressivität).

Sehr häufig sind auch

▶ **das chronische Festhalten** (eine Verhärtung, Verspannung und Verpanzerung der Muskulatur, die dann auch oft zu chronischen Schmerzzuständen führt),

▶ **die chronische Unterspannung** (ein Abbau der Muskulatur mit schlaffer und verzagter Körperhaltung, der oft bei sehr selbstunsicheren Menschen zu beobachten ist),

▶ **die Verringerung der Atmung,**

▶ **die komplette Vermeidung** (also das Ausblenden und nicht mehr Beachten) der Körpereigenwahrnehmung.

Unsere biologische Grundausstattung: Reaktion auf Gefahr. In diesem Zusammenhang scheint mir noch interessant zu erwähnen, dass der Traumatherapeut Peter Levine (2011) auf die biologisch vorgegebenen körperlichen Muster hinweist, die bei allen Säugetieren angesichts tödlicher Gefahr auftreten, wenn Kampf oder Flucht aussichtslos erscheinen (z. B. bei einer Maus im Maul der Katze): Erstarrung im Sinne einer Schreckstarre (»Totstellreflex«) führt zu einer Versteifung der Muskulatur. Ein innerliches Kollabieren (Zusammenbrechen) dagegen führt zu einem Zustand hilfloser Resignation, bei dem aus den Muskeln alle Kraft entweicht und der Lebenswille erlischt. Im Gegensatz zu den Tieren in freier Wildbahn, die diese Reaktionsmuster nach Beendigung der akuten Gefahr sehr schnell wieder abschütteln (durch Zittern), können Menschen in diesen Mustern sozusagen »steckenbleiben«.

Bei Menschen, die schon früh in der Kindheit immer wieder extrem beängstigenden Erfahrungen hilflos ausgeliefert waren, können sich solche biologisch vorgegebenen Reaktionsmuster zu einer gewohnheitsmäßigen Grundhaltung gegenüber dem Leben verfestigen, die sich u. a. in der Atmung, Körperhaltung, Bewegung, Muskelspannung, Mimik und Gestik sichtbar ausdrückt. Diese ist als körperliches Muster nicht nur im Nervensystem, sondern auch im Bindegewebe gespeichert.

Wenn man eine solche Grundhaltung (z. B. Resignation und Kraftlosigkeit) und die damit verbundenen Verhaltensmuster verändern möchte, ist es deshalb oft hilfreich, durch gezielt eingesetzte Übungen auch neue Körpererfahrungen zu ermöglichen. *Durch eine Veränderung des Körpermusters verändern sich auch die damit zusammenhängenden Glaubenssätze* (wenn jemand bspw. zum ersten Mal seit langer Zeit wieder die Erfahrung macht, sich kraftvoll und handlungsfähig zu erleben).

Neues lernen funktioniert lebenslang

Glücklicherweise hat die moderne Gehirnforschung inzwischen nachweisen können, *dass das menschliche Gehirn lebenslang lernfähig bleibt und sich weiterentwickelt.*

Jede Lernerfahrung, die wir machen, hinterlässt messbare Veränderungen im Gehirn. Neue Nervenverbindungen werden gebahnt und je häufiger sie benutzt werden, desto leichter verfügbar sind sie schließlich. Das bedeutet, dass auch Menschen, die als Kleinkind sehr ungünstige Startbedingungen hatten, im späteren Leben noch jederzeit dazulernen und sich neue Fähigkeiten aneignen können. Diese Lernfähigkeit ist die Grundlage jeder Psychotherapie und jedes Trainingsprogramms (ob nun der Körperwahrnehmung oder anderer Fähigkeiten). Wenn wir uns dafür öffnen, etwas Neues zu lernen, neue Erfahrungen zu machen, dann können wir das lebenslang, auch noch im hohen Alter.

Wenn ich Patienten in der Therapie, die es als Kind sehr schwer hatten, danach frage, welche liebevollen Bezugspersonen es denn gab in ihrem Leben, berichten sie oft von einer Oma, von einer netten Nachbarin, vom Vater eines Schulkameraden, von einem Lehrer, von ihrem Meister in der Ausbildung oder von der ersten Freundin. Sie berichten, dass die Beziehung zu diesen Menschen ihnen »eine neue Welt« eröffnet hat: eine Welt, in der es Liebe und Vertrauen gibt, in der man sich umeinander kümmert, in der man sich streiten darf, ohne gleich verlassen zu werden, in der man gelobt und ermutigt wird und in der man interessante neue Dinge lernen und sich weiterentwickeln kann.

Oft berichten Menschen auch, dass ein Training der Körperwahrnehmung (z. B. eine länger dauernde Praxis von Yoga oder Taijiquan) ihnen dabei geholfen hat, ihren Körper ganz neu zu erleben und eine bessere Selbstfürsorge zu entwickeln. Eine Angst oder Selbstbeengung, die sich im Körpergedächtnis löst, kann sich dann viel leichter auch in den Gedanken auflösen.

4 Umgang mit unangenehmen Gefühlen

Glauben Sie mir, was den Menschen wahrhaft frei macht,
und was ihm die Freiheit nimmt,
was ihm wahre Seligkeit gibt und was sie vernichtet:
das unterliegt nicht dem Fortschritt,
das weiß jeder aufrichtig lebende Mensch
ganz genau im Herzen, wenn er nur hinhorcht!
Robert Musil, Der Mann ohne Eigenschaften

Nun habe ich im letzten Kapitel geschildert, wie unangenehm es zeitweise sein kann, die eigenen Körperempfindungen wahrzunehmen, und dass das ein wichtiger Grund ist, warum viele Menschen genau das vermeiden. Daher werden Sie sich vielleicht jetzt die Frage stellen: Warum sollte ich denn dann überhaupt meine Gefühle und Körperempfindungen besser spüren wollen?

In meiner praktischen Erfahrung als Psychotherapeutin habe ich festgestellt, dass bei vielen der Probleme, mit denen sich meine Patienten herumplagen (ob das nun Angststörungen, Depressionen, chronische Schmerzen, Essstörungen oder Traumafolgestörungen sind), das Vermeiden der eigenen Gefühle und Körperempfindungen eine ganz zentrale Rolle spielt. Menschen, die ständig versuchen, den eigenen Ängsten, der eigenen Traurigkeit oder Wut aus dem Weg zu gehen und die ihre Gefühle wegschieben, anstatt ihnen ins Gesicht zu sehen, handeln sich damit langfristig oft umso größere Schwierigkeiten ein. Sie entfernen sich immer weiter von ihren echten Bedürfnissen und entwickeln unter Umständen ernsthafte psychische Störungen.

Um Lösungen zu finden, ist es daher entscheidend, dass diese Menschen den Mut finden, sich der Wahrnehmung ihres Körpers wieder zuzuwenden. Man könnte auch sagen: ihren eigenen Körper wieder zu bewohnen, sich darin zuhause zu fühlen und dieses Zuhause auch gut zu pflegen, damit es bewohnbar bleibt. Oft merkt sich der Körper wichtige Lebenserfahrungen auch in einer Art »Körpergedächtnis«, z.B. in Form starker Muskelverspannungen oder vegetativer Reaktionen. Der betroffene Mensch sucht dann unter Umständen Hilfe wegen anhaltender körperlicher Beschwerden (z. B. Schmerzen, Magen-Darm-Probleme, Schwindelattacken, Schlafstörungen, Tinnitus), ohne diese mit seinen Gefühlen in Zusammenhang zu bringen, weil er nie gelernt hat, darauf zu achten, wie sich seine Gefühle körperlich ausdrücken.

In der Psychotherapie gibt es mittlerweile eine ganze Reihe von Verfahren, die systematisch mit dem Körper arbeiten, um eine heilsame Veränderung des Gefühlslebens zu bewirken, wie z. B. Gestalttherapie, Bioenergetik, Focusing, Pesso-Therapie, Konzentrative Bewegungstherapie, Hakomi, Körperpsychotherapie nach George Downing, Tanztherapie, Somatic Experiencing u. a.

Die Herausforderung, mit unangenehmen Gefühlen umgehen zu müssen, betrifft aber natürlich nicht nur Psychotherapie-Patienten, sondern uns alle. Alle Menschen haben hin und wieder mal mehr oder weniger viele Schwierigkeiten damit. Dann kann es sehr hilfreich sein, bewährte Techniken oder Methoden zu Hilfe zu nehmen, denn es muss ja nicht jeder Mensch das Rad neu erfinden.

Für einfache Fälle reichen oft die bewährten alten »Hausmittelchen« – wie z. B. »drei Mal tief durchatmen«, »einmal um den Block laufen«, »erst mal hinsetzen und eine Tasse heißen Tee trinken«, »sich alles von der Seele reden« oder »einmal darüber schlafen« – die Sie in kleinen Alltagskrisen von Ihrer besten Freundin empfohlen bekommen. Wenn Sie aber merken: Das reicht diesmal nicht, das unangenehme Gefühl ist zu stark und zu anhaltend oder es kommt regelmäßig immer wieder, dann ist es meistens sinnvoll, sich diesem Gefühl erst einmal zuzuwenden und es genauer zu erforschen.

In der buddhistischen Meditationspraxis z. B. werden seit vielen Jahrhunderten Methoden gelehrt und geübt, die beim Umgang mit allen Arten von unangenehmen Gefühlen und Körperempfindungen sehr hilfreich sein können (das ist inzwischen auch wissenschaftlich belegt), z. B. die Vipassana-Meditation (Einsichts-Meditation). Kernstück dieser Methoden ist das »achtsame Gewahrsein«: Ich nehme eine aufrechte und entspannte Körperhaltung ein und beobachte meinen Atem, wie er ein- und ausströmt. Wenn ein Gefühl oder eine andere Körperempfindung sich in den Vordergrund der Wahrnehmung drängt, wende ich mich dieser Empfindung mit freundlicher Aufmerksamkeit zu und nehme sie ganz genau wahr, ohne sie zu bewerten. Ich verzichte auf meine gewohnten Reaktionen. Ich versuche nicht, das Gefühl zu unterdrücken. Ich versuche nicht, es festzuhalten oder ihm Nahrung zu geben. Ich lebe es auch nicht aus. Ich nehme aufmerksam wahr, dass das Gefühl jetzt im Moment da ist, benenne es und kehre dann freundlich und sanft zum Beobachten meines Atems zurück. Ich mache dabei die Erfahrung, jede Art von Gefühl einfach haben zu können, ohne es vermeiden zu müssen, aber auch ohne mich von ihm tyrannisieren und bestimmen lassen zu müssen. Der Meditationslehrer Fred von Allmen formulierte das in einem Vortrag so: »Dadurch entsteht dann auf einmal eine innere Weite. Wenn uns das doch nur im Alter von vier Jahren jemand beigebracht hätte!«

Viele Generationen von Meditierenden haben schon erlebt, dass eine tägliche Meditationspraxis im Alltag enorm hilfreich sein kann, etwa im Umgang mit aufdringlichem Gedankenkreisen, mit unangenehmen Gefühlen oder mit Schmerzen. Wenn Sie jetzt neugierig geworden sind und das in Ihrem Alltag auch einmal ausprobieren möchten, könnten Sie mit folgender Übung beginnen, erste Erfahrungen auf diesem Gebiet zu sammeln.

Übung

Alltagsübung, Teil 1: Gefühle wahrnehmen, ohne zu bewerten
Wenn Sie das nächste Mal im Alltag ein Gefühl spüren, nehmen Sie sich ein paar Minuten lang Zeit, um kurz innezuhalten und genauer hineinzuspüren. Vielleicht möchten Sie sich dafür kurz hinsetzen und die Augen schließen, um besser nach innen spüren zu können. Dies ist aber nicht unbedingt notwendig, im Prinzip können Sie die Übung in jeder Körperhaltung und auch mit offenen Augen machen.
(1) Welches Gefühl spüren Sie genau? Finden Sie die Bezeichnung, die am detailliertesten passt.
> ▶ Fühlen Sie sich z. B. wütend, ärgerlich, unwirsch, irritiert, hasserfüllt, ablehnend, ungeduldig, gereizt, überlegen, mächtig, eifersüchtig oder neidisch?

▶ Voll stiller Freude, fröhlich, ausgelassen, überschäumend glücklich, erheitert, übermütig, mitteilsam, aufgedreht, überdreht, stolz, voller Vorfreude, neugierig oder erwartungsvoll?

▶ Ängstlich, beklommen, furchtsam, schuldig, schamerfüllt, peinlich berührt, angewidert, erniedrigt, voll Ekel, kraftlos, niedergeschlagen, traurig, hilflos, erschöpft, leer, freudlos oder gefühllos?

▶ Satt, übersättigt, zufrieden, hungrig, gierig, voll Verlangen?

(2) Wo im Körper spüren Sie das Gefühl am deutlichsten?

▶ Im Bauch? Im Darm? Im Magen?

▶ Im Brustkorb? Im Herzbereich?

▶ Im Rücken? Im Nacken oder in den Schultern?

▶ Im Kopf? Im Gesicht? Im Kiefergelenk?

▶ In den Ohren, in den Augen, in der Nase oder im Hals?

▶ In den Armen oder Händen?

▶ Im Unterleib, in den Geschlechtsorganen?

▶ In den Beinen oder Füßen?

▶ In der Mitte des Körpers oder mehr rechts oder links?

(3) Wie fühlt es sich genau an?

▶ Heiß, warm, kühl, kalt?

▶ Eng, weit, befreiend, einschnürend?

▶ Fest, hart, flüssig, weich, luftig, neblig, klar, schwammig?

▶ Fließend, kribbelnd, ziehend, wühlend, stechend, schmelzend, aufsteigend, drückend, schneidend?

▶ Wenn es eine Farbe, einen Ton oder Klang hätte, welche wären das dann?

(4) Verzichten Sie auf eine Bewertung dieses Gefühls, nehmen Sie es einfach zur Kenntnis.

Es ist nicht richtig oder falsch, gut oder böse, es ist einfach jetzt im Moment gerade da. Lassen Sie zu, dass das Gefühl da ist, und auch, dass es wieder weggeht. Wahrscheinlich werden Sie an diesem Punkt bemerken, dass Ihnen ganz unwillkürlich Bewertungen Ihres Gefühls in den Sinn kommen.

Auch das können Sie einfach interessiert beobachten und zur Kenntnis nehmen, dann können die Bewertungen nach und nach immer mehr in den Hintergrund treten.

(5) *Nehmen Sie wahr, welcher Handlungsimpuls in dem Gefühl steckt: Ich würde am liebsten ...*
- ► wegrennen, dem Gegenüber eine reinhauen, herumhüpfen wie ein Gummiball
- ► lachen, weinen, schreien, schimpfen
- ► mich verkriechen
- ► es jemandem erzählen
- ► usw.

Wichtig: Erst einmal nur wahrnehmen! Daraus entsteht kein Zwang, auch nach dem Gefühl handeln oder es ausleben zu müssen! Es ist Ihr Gefühl. Niemand kann es Ihnen wegnehmen oder ausreden. Es ist nicht richtig oder falsch und auch nicht gut oder böse, es ist einfach jetzt gerade da. Sie allein entscheiden, was Sie damit machen möchten. Sie können sich Zeit lassen zu beobachten, ob es sich verändert oder einfach wieder weggeht, in welchen Situationen es immer wieder kommt, und dann entscheiden, welche Konsequenzen Sie aus Ihren Beobachtungen ziehen möchten.

Alltagsübung Teil 2: den eigenen Umgang mit Gefühlen beobachten
Wenn Sie mit Teil 1 schon einige Erfahrungen gesammelt haben (bitte erst dann!), können Sie schrittweise auch zur Fortgeschrittenen-Variante übergehen (am besten nehmen Sie die Schritte (6) bis (8) nach und nach dazu, so wie es Ihnen stimmig erscheint).
Schritte (1) bis (5) gehen Sie durch wie oben beschrieben.
(6) *Beobachten Sie, wie stark Sie sich mit dem Gefühl identifizieren.*
- ► Haben Sie den Eindruck: Das ist die Wahrheit, was ich da fühle, und das Gefühl wird für immer bleiben?

- ► Oder können Sie innerlich einen kleinen Schritt weg von dem Gefühl machen und sich sagen: Es ist nur ein Gefühl, das jetzt im Moment da ist, nicht mehr und nicht weniger? Können Sie eine Beobachterposition gegenüber dem Gefühl einnehmen?

(7) *Beobachten Sie, wie Sie innerlich mit dem Gefühl umgehen.*
- ► Wollen Sie das Gefühl festhalten und möglichst lange behalten?
- ► Wollen Sie es möglichst schnell wieder wegmachen?
- ► Haben Sie bisher eine vorgefasste Meinung darüber, ob dieses Gefühl generell angenehm oder unangenehm, wünschenswert oder unangebracht ist?
- ► Können Sie diese vorgefasste Meinung einmal beiseitelegen und das Gefühl ganz unbefangen wahrnehmen und beobachten?
- ► Nähren Sie das Gefühl, indem Sie sich Gedanken machen, die es immer wieder neu mit Energie versorgen? Wie genau machen Sie das, und welche Auswirkungen hat das?
- ► Welche Auswirkungen hat es, wenn Sie auf Ihre gewohnte Reaktion verzichten und innerlich anders mit dem Gefühl umgehen als bisher?

(8) *Wenn es ein Gefühl ist, das Sie als unangenehm empfinden und am liebsten gerne schnell wieder loswerden würden, dann beobachten Sie genauer, wie sich Ihr Leiden daran zusammensetzt.*

Welcher Teil meines Leidens entsteht ...
- ► durch das Gefühl bzw. die Körperempfindung selbst?
- ► dadurch, dass ich krampfhaft versuche, es schnell wieder loszuwerden?
- ► dadurch, dass ich dem Gefühl immer wieder Nahrung gebe durch das Denken von bestimmten Gedanken oder Gedankenketten?
- ► dadurch, dass ich dem Handlungsimpuls, der in dem Gefühl steckt, nachgebe?

> ▶ dadurch, dass ich dem Handlungsimpuls, der in dem Gefühl steckt, nicht nachgebe?
>
> Wenn Sie sich im Alltag immer mal wieder erlauben, sich für diese Übung einige Minuten lang Zeit zu nehmen, werden Sie möglicherweise ganz erstaunliche neue Erfahrungen machen. Lassen Sie sich überraschen!
> **Wichtig: Setzen Sie sich nicht unter Druck, das alles »gleich zu können«!** Geben Sie sich Zeit, nach und nach immer mal wieder eine neue Entdeckung zu machen. Wenn die ganze Übung noch zu schwierig ist, beschränken Sie sich erst einmal auf Teile davon und gehen Sie es langsam schrittweise an. Auf dem Weg der Einsichts-Meditation kann man die in dieser Übung beschriebenen Beobachtungen im Lauf der Jahre immer feiner und genauer erkunden und dadurch immer wieder zu neuen Erkenntnissen gelangen. Es lohnt sich, sich dafür auch über längere Zeiträume hinweg regelmäßig immer wieder Zeit zu nehmen.

Die Information nutzen, die in einem Gefühl steckt

Sie werden jetzt vielleicht einwenden: »Warum sollte ich meinen Gefühlen so viel Raum geben? Ich möchte nur die angenehmen Gefühle spüren, die unangenehmen möchte ich lieber ignorieren, das führt sonst doch nur zu Streit und Unglück.«

Dieser Standpunkt ist weit verbreitet und auch ganz verständlich. Es gibt da nur einen Haken: Wir werden genau dann am schlimmsten durch unsere Gefühle gesteuert, wenn uns gar nicht bewusst ist, dass wir sie haben!

Durch die eigenen Gefühle gesteuert wäre z. B. jemand, nennen wir ihn der Einfachheit halber Markus, der immer sofort losbrüllt, sobald er sich ärgert. Er versucht, den Ärger *schnell wegzumachen*, indem er laut herumschreit oder sogar tätlich wird. Das funktioniert eventuell kurzfristig, wenn er z. B. seine Ehefrau niederbrüllt, die dann nicht mehr zu widersprechen wagt. Langfristig verursacht das jedoch meistens noch mehr Ärger, da durch Herumschreien noch selten ein Konflikt gelöst worden ist. Zudem neigt Markus auch dazu, sich in seinen Ärger hineinzusteigern und seine innere Anspannung dadurch chronisch erhöht zu halten.

Durch ihre eigenen Gefühle gesteuert wird aber auch seine Ehefrau Erika, die sich *von vornherein verbietet, überhaupt Ärger empfinden zu dürfen,* und die die Vorstellung hat, alles sofort verzeihen zu müssen, was ihr angetan wird. Sie unterdrückt ihren Ärger sofort, bevor er ihr überhaupt richtig bewusst wird, trägt ihn aber untergründig weiter mit sich herum. Dieses weggeschobene, »verbotene« Gefühl findet dann meist andere, weniger offensichtliche Wege, um an die Oberfläche zu kommen. Menschen wie Erika neigen z. B. oft zu Strategien wie verbiestertem Schweigen und »Liebesentzug«, zum Sticheln und spitze Bemerkungen machen, zu Schmerzen in Kopf, Bauch oder Rücken, zu Aggressionen gegenüber sich selbst, zu Essattacken oder auch Depressionen.

Eine Patientin erzählte mir neulich, ihre Mutter sei ihr ganzes Leben lang nie offen wütend geworden und habe immer gepredigt, dass man alles verzeihen müsse und sich nicht streiten dürfe. Wenn ihre Mutter verärgert gewesen sei, habe aber die ganze Familie einen weiten Bogen um sie gemacht, weil jeder gespürt habe, wie geladen sie gewesen sei. Bis heute schleichen in dieser Familie alle auf Zehenspitzen durchs Haus, wenn jemand wütend ist, aber offen geredet werden darf nicht darüber, der Betreffende bleibt auf seiner Wut sitzen, und geklärt wird gar nichts.

Wenn Sie einen guten Weg zum Umgang mit unangenehmen Gefühlen finden möchten, ist es notwendig, dass Sie diese erst einmal wahrnehmen und anerkennen, dass sie da sind. Ein Gefühl spüren und halten zu können, ohne es sofort wieder loswerden zu müssen, ist meistens viel hilfreicher, als es unkontrolliert »herauszulassen«.

Erst dann können Sie die Information, die in dem betreffenden Gefühl steckt, sinnvoll nutzen. So können Sie z. B. dem allgemein eher unbeliebten Gefühl der Wut (aufsteigende Hitze, Wühlen im Bauch, Zittern vor Anspannung im ganzen Körper, Energieschub »wie kurz vor dem Platzen« usw.) eine wichtige Botschaft entnehmen: »Hier geschieht gerade etwas Ungerechtes, das mir nicht passt. Ich möchte daran etwas ändern. Ich will das so nicht hinnehmen.«

Das bedeutet nicht, dieses Gefühl ungebremst ausleben oder durch endloses Grübeln oder Darüber-Reden künstlich verlängern zu müssen. Es reicht schon, das Gefühl bewusst wahrzunehmen und zur Kenntnis zu nehmen. Im nächsten Schritt können Sie dann entscheiden, was Sie damit machen möchten, und ggf. auch Maßnahmen ergreifen, die dazu führen, dass sich Ihre Gefühle wieder verändern (s. a. Kap. 9).

Es ist z. B. nicht zwangsläufig nötig, Wut »auszuleben«, indem Sie jemanden schlagen oder anschreien. Vielleicht möchten Sie die Energie und Entschlossenheit, die Ihre Wut Ihnen verleiht, konstruktiv nutzen, indem Sie erst ein paar Mal tief durchatmen und dann für den Betriebsrat kandidieren, eine Bürgerinitiative gründen oder endlich einmal freundlich, klar und bestimmt Nein sagen zu Ihren Kindern oder zu Ihrer Schwiegermutter.

Möglicherweise stellen Sie, wenn Sie sich mit dem Wutgefühl ganz in Ruhe beschäftigen, ohne es sofort ausleben zu müssen, aber auch fest, dass die Wut, die Sie im Moment empfinden, *gar nichts mit der aktuellen Situation zu tun hat* (z. B. dass die Kinder gerade Lärm machen), sondern dass Sie sie noch in sich tragen aufgrund einer ungelösten Situation in der Vergangenheit (z. B. dass Ihr Chef Sie bei der letzten Beförderung übergangen hat und Sie sich seither verletzt und ungerecht behandelt fühlen). Eine solche Erkenntnis führt dazu, dass sich ganz neue Handlungsmöglichkeiten ergeben: Anstatt die Kinder anzubrüllen, könnte es in diesem Fall sinnvoll sein, noch einmal neu über die eigenen beruflichen Perspektiven nachzudenken.

In der Kampfkunst kann man genau dieselbe Bewegungskompetenz (z. B. die rechte Faust nach vorne zu stoßen) für einen aggressiven Angriff verwenden, aber auch für eine konstruktive, nicht verletzende Handlung (im Beispiel: mit dem nach vorne ausfahrenden Arm dafür zu sorgen, dass ein Fauststoß des Gegners abgelenkt wird und ins Leere läuft). Es ist nicht nötig, sich von der eigenen Wut (oder anderen Gefühlen) tyrannisieren zu lassen, wenn man gelernt hat, sie konstruktiv zu nutzen.

Warum es hilfreich ist, sich dabei mit dem eigenen Körper und dessen Wahrnehmung zu befassen, hat der Neurobiologe Gerald Hüther in einem Buchartikel sehr schön auf den Punkt gebracht:

»Weil er ursprünglich so eng mit dem Gehirn und allem, was dort geschah, verbunden war, bietet der Körper einen besonders leichten Zugang zu allen Ebenen des Erlebens und Verhaltens, zu den im Gehirn abgespeicherten Sinneseindrücken, den Gefühlen, den unbewusst gesteuerten Verhaltensmustern, und nicht zuletzt zu den frühen Erinnerungen. *Deshalb erfahren die meisten Menschen, sobald sie ihren Körper wiederzuentdecken beginnen, dass sie nun wieder Zugang zu sich selbst finden.* Oft kommt es so zu Einsichten, die den ganzen Menschen ergreifen. Dabei entsteht oft auch das Gefühl, dieses feste, eigene Fundament wiedergefunden zu haben, nach dem die betreffende Person seit ihrer frühen Kindheit ein Leben lang gesucht hat. Wenn das »Ich« die Verbindung mit seinem Körper wieder zurückgewinnt, spürt der betreffende Mensch nicht nur im übertragenen Sinn, sondern auf eine reale, verkörperte Weise, dass er ein Rückgrat hat, dass er sich aufrichten und sich aufrecht im Leben bewegen kann. Der Körper ist der Ausgangspunkt und das Empfangsorgan für solche elementaren Erfahrungen.« (Storch, Cantieni, Hüther & Tschacher, 2011, S. 97; Hervorh. d. A.).

Im nächsten Kapitel werde ich Ihnen verschiedene Verfahren vorstellen, die dabei hilfreich sein können, die Wahrnehmung des eigenen Körpers zu trainieren und zu verbessern.

Traditionen beschäftigen, werden Sie schnell bemerken, dass es nicht nur darum geht, mal kurz bestimmte Bewegungen oder Techniken zu erlernen (»Jetzt kann ich das«), sondern dass Sie sich auf einen langjährigen Übungsweg machen, der alle Bereiche des Menschseins berührt und immer wieder neue Herausforderungen mit sich bringt.

In all diesen Übungssystemen haben sich im Lauf der Zeit eine ganze Vielfalt verschiedener Schulen und Methoden mit unterschiedlichen Schwerpunkten entwickelt, meist in Form von Traditionslinien, in denen sich der Lehrer Meisterschüler auswählt und diese autorisiert, seine Lehre in der nächsten Generation weiterzugeben.

Yoga hat sich in Indien aus buddhistischen und hinduistischen Wurzeln entwickelt (als wichtige Quelltexte gelten die Upanishaden um 700 v. Chr. sowie das Yoga-Sutra des Patanjali um 300 v. Chr.). Im Lauf der Jahrhunderte entstanden unterschiedliche Richtungen, von denen im Westen zunächst v. a. das sehr körperbetonte Hatha-Yoga bekannt wurde (hier werden teilweise recht anspruchsvolle Körperhaltungen eingenommen, die als »Asanas« bezeichnet werden). Bei anderen Formen des Yoga stehen dagegen mehr die Atemübungen (Pranayama), die Meditation und die geistig-spirituelle Entwicklung im Vordergrund. Spezielle Methoden sind z. B. das Kum Nye (buddhistisches Heil-Yoga) oder das tibetische Yantra-Yoga (zur Unterstützung der Meditation), und auch in der modernen Welt entwickeln sich immer wieder neue Stilrichtungen wie z. B. das in Fitness-Studios sehr beliebte Power-Yoga oder das Hormon-Yoga, das zur Vorbeugung und Behandlung von Wechseljahresbeschwerden eingesetzt wird. Heutzutage wird Yoga im westlichen Kulturkreis von vielen Menschen eher als Methode der Gesundheitspflege praktiziert (mit dem Ziel von Entspannung, Stressabbau, Muskelkräftigung usw.), auch ohne sich intensiv mit dem religiösen oder spirituellen Hintergrund zu beschäftigen. In Deutschland werden die Kosten von Yoga-Kursen unter bestimmten Bedingungen von den Krankenkassen erstattet (als sog. Präventionskurse).

Die asiatischen Kampfkünste unterscheiden sich ebenfalls stark, je nachdem in welchem Land (China, Japan, Thailand, Korea, Philippinen usw.) und vor welchem gesellschaftlichen Hintergrund sie sich entwickelt haben und wofür sie eingesetzt wurden und noch werden. Ihnen allen gemeinsam ist jedoch die intensive Schulung des Körperbewusstseins und der Körperbeherrschung, aber auch von Konzentrationsfähigkeit, innerer Ruhe, emotionaler Stabilität, Selbstdisziplin und ethischer Reife. Im Gegensatz zum wettkampforientierten Kampfsport geht es in der Kampfkunst immer auch um eine geistige oder spirituelle Entwicklung. Der eigene Körper wird erfahren und erprobt im regelmäßigen, direkten Üben mit einem Trainingspartner. Dies erfordert eine intensive Auseinandersetzung mit den eigenen (körperlichen, gedanklichen und emotionalen) Reaktionsmustern, Ängsten und Angewohnheiten und ermöglicht weitreichende Lernprozesse auch im sozialen und zwischenmenschlichen Bereich (z. B. indem man übt, sich an Regeln zu halten und niemanden unnötig zu verletzen, Wut zu kontrollieren und in Konfliktsituationen ruhig bleiben zu können, mit körperlicher Konfrontation umzugehen, sich nicht von Misserfolgen entmutigen zu lassen und hartnäckig weiter zu üben etc.).

Das Taijiquan ist eine aus China stammende sogenannte »innere Kampfkunst«, die auf daoistische Quellen zurückgeht und vermutlich zwischen dem 10. und 14. Jahrhundert entstanden ist. Im Westen wird es heutzutage von vielen Menschen hauptsächlich zur Entspannung, zur Gesundheitspflege oder zur Meditation praktiziert, wobei der Kampfkunstaspekt oft mehr oder weniger in den Hintergrund tritt. In festgelegten Abfolgen (»Form«, auch mit Waffen wie Schwert, Stock oder Fächer) wird in langsamen, fließenden Bewegungen ein stilisierter Kampf gegen imaginierte Gegner geübt. Darüber hinaus werden in speziellen Partnerübungen (Tuishou) grundlegende Bewegungsprinzipien vertieft. Verschiedene Stilrichtungen unterscheiden sich im Hinblick auf bestimmte Feinheiten der Bewegung (z. B. wie tief der Stand ist oder wie ausgreifend die Bewegungen), beruhen aber im Wesentlichen alle auf denselben Grundprinzipien: Weichheit, ununterbrochener Bewegungsfluss, entspannte Aufrichtung, klar ausgerichtete Absicht statt Muskelkraft, Aufnehmen und Umlenken der vom Gegner eingesetzten Kraft usw. Sowohl im Taijiquan als auch im Tuishou wird das Körperbewusstsein intensiv trainiert, speziell im Hinblick auf Spannung,

Entspannung und Lenkung des Energieflusses. Eine sehr differenzierte Körperwahrnehmung wird entwickelt, die es ermöglicht, auch komplizierte Bewegungsabfolgen geschmeidig und mit wirksamem Energieeinsatz zu steuern.

Das Qigong stammt ebenfalls aus China und unterliegt denselben grundlegenden Bewegungsprinzipien wie das Taijiquan, dient jedoch als Teil der traditionellen chinesischen Medizin in erster Linie der Gesundheitspflege. Historische Quellen reichen weit in die vorchristliche Zeit zurück. Es gibt eine Vielzahl verschiedener Übungen von unterschiedlichem Schwierigkeitsgrad und mit unterschiedlich hohen Anforderungen an Muskelkraft, Beweglichkeit und Kondition, die jeweils für bestimmte medizinische Zielsetzungen eingesetzt werden. Bei jeder Übung spielen die drei Aspekte Körperbewegung/-haltung, Atmung und Vorstellungskraft eine Rolle. Für Menschen, die nicht so viel Geduld aufbringen möchten, jahrelang eine komplizierte Taiji-Form zu lernen, bietet Qigong die Möglichkeit, schon innerhalb recht kurzer Zeit einfache Übungen zu erlernen, die sie dann selbstständig weiterpraktizieren können.

Sowohl Taijiquan als auch Qigong sind auch für Menschen mit körperlichen Beeinträchtigungen gut geeignet, da die Übungen langsam ausgeführt werden und an die individuellen körperlichen Voraussetzungen angepasst werden können. In Deutschland werden die Kosten von Kursen unter bestimmten Bedingungen von den Krankenkassen erstattet. Auch in diesem Bereich gibt es moderne Entwicklungen, wie z. B. das Qigong-Dancing, bei dem Elemente aus Qigong, Kampfkunst und Tanztherapie kombiniert werden.

Ganzheitliches Körperbewusstsein

Menschen, die im westlichen Kulturkreis aufgewachsen sind, sind in der Regel sehr gut darauf trainiert, sich auf einen einzigen Aspekt der Sinnes- und Körpererfahrung zu konzentrieren (z. B. auf eine Armbewegung, die in bestimmter Weise ausgeführt werden soll). Im Taijiquan und Qigong wird jedoch nicht die ganze Konzentration auf eine einzelne Körperstelle gerichtet, sondern in einer Art »gleichschwebender Aufmerksamkeit« der gesamte Körper bzw. viele verschiedene Aspekte gleichzeitig beachtet. Jede Bewegung ist eine Ganzkörperbewegung, da z. B. mit jeder Kraft, die nach oben gerichtet ist, auch eine nach unten gerichtete Kraftentfaltung verbunden ist (z. B. wenn ich die Arme hebe, drücken gleichzeitig die Füße leicht gegen den Boden). Diese sehr differenzierte und ganzheitliche Wahrnehmung kann nach und nach erlernt werden, indem man die Aufmerksamkeit zunächst abwechselnd auf verschiedene Aspekte lenkt und diese dann im weiteren Verlauf zunehmend auch gleichzeitig im Bewusstsein halten kann. Wenn dieses Stadium des Lernens erreicht ist, wird es auch im Alltag immer selbstverständlicher, z. B. beim Ausführen einer Armbewegung die eigenen Füße und den eigenen Rücken zu spüren. Dies verändert das Körperbewusstsein im Alltag für viele Menschen grundlegend.

Die Meditation als innere Grundhaltung (wach, gegenwärtig, entspannt und akzeptierend) ist ein wichtiger Bestandteil aller dieser Traditionen. Es gibt buddhistische, hinduistische und daoistische Meditationstechniken, die in unterschiedlichem Ausmaß Aspekte der Körperwahrnehmung und -schulung miteinbeziehen. Aktive Formen der Meditation (z. B. Gehmeditation, die achtsame Verrichtung von Alltagtätigkeiten oder von speziellen Künsten wie etwa Bogenschießen oder Kalligrafie) werden u. a. im Zen-Buddhismus, im tantrischen Buddhismus, im Yoga und in den Kampfkünsten praktiziert.

Neue Methoden aus dem Westen

Im Lauf des letzten Jahrhunderts haben viele Menschen auch im westlichen Kulturkreis wieder einen neuen Blick auf die Bedeutung des Körpers gewonnen und dabei oft auch die Methoden und Erkenntnisse der o. g. Traditionen für sich entdeckt und entsprechend ihren Bedürfnisse abgewandelt oder weiterentwickelt.

Ich möchte Ihnen hier nur einige Beispiele nennen, ohne Anspruch auf Vollständigkeit.

Die progressive Muskelentspannung (oder -relaxation, PMR; nach Edmund Jacobson, 1888–1983) ist eine Entspannungsmethode. Sie basiert darauf, in einer festgelegten Reihenfolge bestimmte Muskelgruppen des Körpers zuerst kurz anzuspannen (dabei bekommt man ein Gefühl dafür, wie Anspannung in diesem bestimmten Bereich sich anfühlt) und dann (in einer längeren Phase) die Muskeln wieder zu entspannen. Wer diese Methode über einen längeren Zeitraum praktiziert, kann damit nicht nur seine Entspannungsfähigkeit verbessern, sondern auch lernen, seinen Körper im Alltag differenzierter wahrzunehmen. Die PMR ist leicht zu erlernen. Entsprechende Kurse werden inzwischen flächendeckend in Kliniken, an Volkshochschulen etc. angeboten.

Das autogene Training ist ebenfalls eine der am häufigsten unterrichteten Entspannungsmethoden und wurde von dem Psychiater J. H. Schultz in den 1920er Jahren ursprünglich aus der Hypnose entwickelt. Hier wird die tiefe Entspannung nicht durch körperliche Übungen, sondern mehr über die Vorstellungskraft erreicht, indem man sich innerlich bestimmte Formeln vorsagt und sich mit angenehmen inneren Bildern beschäftigt. Auch hier ist die Beobachtung des Atems und das Spüren des eigenen Körpers ein wichtiger Bestandteil der Übung. Im Gegensatz zur PMR, die z. B. von eher technisch begabten und sehr vernunftbetonten Menschen oft als individuell passend empfunden wird (weil sie ganz konkret und nicht esoterisch daherkommt), finden eher fantasiebegabte Menschen, die Musik und Literatur mögen, oft das autogene Training attraktiver.

Feldenkrais und Alexandertechnik. Feldenkrais (nach Moshé Feldenkrais, 1904–1984) und Alexandertechnik (nach F. M. Alexander, 1869–1955) sind Methoden der Körperarbeit, bei denen es darum geht, überflüssige Muskelanspannungen im Alltag zu vermindern und eine natürliche Leichtigkeit in der Körperhaltung und -bewegung zu finden. In Einzel- oder Gruppenarbeit wird intensiv daran gearbeitet, ungünstige oder schmerzerzeugende Bewegungs- und Haltungsmuster zu erkennen, abzubauen und die Bewegungen im Alltag immer leichter, natürlicher und müheloser werden zu lassen. Dies kann körperliche Beschwerden, die durch einseitige Beanspruchung verursacht werden, deutlich vermindern. Beide Methoden werden z. B. oft von Profimusikern genutzt, um der einseitigen körperlichen Belastung entgegenzuwirken, die ihr Beruf mit sich bringt.

Mindfulness-Based Stress Reduction (MBSR, deutsch etwa: »Stressabbau durch Achtsamkeit«), ist eine Methode der Achtsamkeitsschulung, die in den 1970er Jahren von dem Molekularbiologen Jon Kabat-Zinn auf der Grundlage von Methoden aus Yoga, Vipassana- und Zen-Meditation entwickelt wurde. Den Kursteilnehmern werden grundlegende Techniken wie z. B. der »Body-Scan« (eine Körperspürübung) sowie Geh- und Sitzmeditationen vermittelt, aber ohne den entsprechenden buddhistischen/religiösen Hintergrund. Vorgesehen ist eine regelmäßige tägliche Übungspraxis, mit dem Ziel von mehr innerer Ruhe und Gelassenheit sowie eines verbesserten Umgangs mit Stressbelastungen. Die Methode wird oft auch im Rahmen psychotherapeutischer und psychosomatischer Behandlungen eingesetzt. Klinische Studien zeigen deutliche Effekte bei allen Arten von stressbedingten Erkrankungen.

Pilates und Gyrokinesis. Bei Methoden wie Pilates (nach J. H. Pilates, 1883–1967) oder Gyrokinesis (entwickelt durch den 1942 geborenen Tänzer Juliu Horvath) steht eher der Trainings- und Fitnessaspekt im Vordergrund: Aufbau einer guten körperlichen Kondition, Verbesserung der Körperhaltung, Ausgleich einseitiger Alltagsbelastungen. Entsprechend werden sie oft in Fitnessstudios angeboten. Zu beiden Methoden gehört auch ein speziell entwickeltes Gerätetraining. Beide sind außerdem sehr funktionell (z. B. zur Kräftigung der Rumpfmuskulatur bei Rückenbeschwerden), unterscheiden sich jedoch deutlich von der ansonsten üblichen Rückengymnastik, da sie u. a. Elemente aus dem Yoga miteinbeziehen (J. H. Pilates war u. a. Selbstverteidigungstrainer und beschäftigte sich mit Yoga und Zen-Meditation; Juliu Horvath nannte seine Methode zunächst »Yoga for dancers«).

Focusing. Im Focusing (nach Eugene T. Gendlin, geb. 1926) übt man dagegen intensiv die Innenschau, um über die genaue Wahrnehmung von Körperempfindungen die eigenen Wünsche und Bedürfnisse besser spüren zu lernen. Diese Methode eignet sich zur Selbsthilfe (man kann sie aus Büchern oder in Kursen erlernen), wird aber oft auch von Psychotherapeuten im Rahmen der klientenzentrierten Gesprächspsychotherapie (nach Carl Rogers) eingesetzt.

Körperpsychotherapeutische Verfahren (wie z. B. Bioenergetik, Gestalttherapie, Pesso-Therapie, Konzentrative Bewegungstherapie,

Hakomi, Körperpsychotherapie nach George Downing, Tanztherapie, Somatic Experiencing u. a.) erfordern von Seiten des Therapeuten eine gründliche Ausbildung und Selbsterfahrung. Sie werden in der Regel im Rahmen der Einzelpsychotherapie oder auch in Kliniken im Rahmen von Therapiegruppen angewandt. Körperpsychotherapie wird bisher in Deutschland von den Krankenkassen nicht bezahlt, kann aber im Rahmen einer von der Krankenkasse finanzierten Psychotherapie (Verhaltenstherapie oder psychoanalytische/ tiefenpsychologische) miteinfließen, wenn der Therapeut entsprechend ausgebildet ist. Bei bestimmten Störungsbildern (z. B. in der Behandlung von Essstörungen, Traumata oder chronischen Schmerzen) gehört es inzwischen in guten Spezialkliniken zum Standard, auch körperpsychotherapeutische Methoden in den Behandlungsplan miteinzubeziehen.

Bobath, Vojta und Kiphard (Psychomotorik). Kurz hinweisen möchte ich auch noch auf die Konzepte nach Bobath, Vojta und Kiphard (Psychomotorik), die ursprünglich für die Behandlung von Kindern mit neurologisch bedingten Bewegungsstörungen entwickelt wurden, inzwischen aber auch in der neurologischen Rehabilitation bei Erwachsenen (z. B. nach Schlaganfällen oder bei Multipler Sklerose) eingesetzt werden im Rahmen der Physiotherapie, Ergotherapie, Pflege oder Logopädie. Hier wird die lebenslange Lernfähigkeit des Gehirns genutzt, um verlorengegangene Wahrnehmungsfähigkeiten und Bewegungsabläufe wiederzuerlangen, wobei die aktive Mitarbeit des Patienten bzw. seiner Angehörigen eine große Rolle spielt. Oft zeigt sich dann, dass die gezielte Arbeit an der Körperwahrnehmung und -bewegung auch eine Verbesserung emotionaler und kommunikativer Fertigkeiten bewirkt, sodass sich auch Aktivität, Wachheit, Teilhabe am gemeinschaftlichen Leben, Lebensfreude und zwischenmenschlicher Kontakt verbessern.

Was bringt es mir, eine dieser Methoden zu erlernen und zu praktizieren?

Je länger Sie eine der oben genannten Methoden regelmäßig üben und praktizieren, desto differenzierter werden die Erfahrungen, die Sie damit machen, und desto mehr wird das Gelernte zunehmend auch im Alltag wirksam.

Wenn Sie z.B. über längere Zeit einmal in der Woche nach einem langen Arbeitstag zum Yoga-Kurs gehen und dabei jedes Mal feststellen:»Ich bin ja total verkrampft im Nacken!«, dann werden Sie im weiteren Verlauf immer häufiger schon tagsüber im Alltag bemerken, dass Ihr Nacken sich wieder anspannt (etwa beim langen Sitzen vor dem Computer oder wenn es Ärger mit Kunden gibt). Sie werden möglicherweise bemerken, wie gut es Ihnen tut, sich auch im Alltag regelmäßig zehn Minuten Zeit für eine kleine Yoga-Übung zu nehmen, die Ihnen im Kurs besonders gut gefallen hat (es ist hilfreicher, sich jeden Tag zehn Minuten Zeit dafür zu nehmen und langfristig dabeizubleiben, als sich eine ganze Stunde vorzunehmen, es dann aber bald aus Zeitmangel wieder bleiben zu lassen). Sie werden vielleicht sogar feststellen, dass es Ihnen gelingt, Ihrer Familie

gegenüber durchzusetzen, dass Sie abends nach dem Nachhause-
kommen erst einmal für zehn Minuten in Ruhe gelassen werden,
um Ihre Übung zu machen, und erstaunt feststellen, dass sogar Ihr
dreijähriger Sohn in der Lage ist, sich darauf einzustellen. Sie werden
nach und nach auch tagsüber bei der Arbeit immer genauer registrieren können, in welchen Situationen Ihr Nacken sich anspannt
und was Sie tun können, um ihn wieder zu lockern. Je mehr das, was
Sie in den Kursstunden erlernen, ganz selbstverständlich in Ihren
Alltag einsickert, desto mehr werden Sie spüren, wie Sie davon profitieren und sich in Ihrem Körper wohler fühlen, und desto leichter
fällt es dann auch, sich zum langfristigen Weiterüben zu motivieren.

Die Qual der Wahl: Welche Methode passt zu mir?
Vielleicht sitzen Sie jetzt ganz erschlagen vor der Vielfalt der Methoden, die ich Ihnen hier präsentiere, und fragen sich: Ja was denn
nun? Was davon passt denn für mich? Keine Methode passt für jeden
gleich. Welche davon zu Ihnen am besten passt, können nur Sie
selbst herausfinden, denn das Verfahren sollte zu Ihren individuellen
Zielen und Bedürfnissen passen. Im Folgenden finden Sie einige
Fragen, die Ihnen bei der Entscheidungsfindung helfen.

Übersicht

Fragen zur Entscheidungsfindung
▶ Was genau will ich erreichen? Welche *Ziele* strebe ich an, was
  erhoffe ich mir von der Methode?
▶ Wie viel *Zeit* möchte ich langfristig im Alltag für das Üben
  investieren?
▶ Möchte ich eine Methode in einem überschaubaren Rahmen
  (z.B. einem Volkshochschulkurs mit 8–10 Terminen) in kurzer Zeit erlernen und dann zuhause alleine weiter üben (dies
  ist bspw. bei progressiver Muskelentspannung, autogenem
  Training oder MBSR gut machbar) oder möchte ich mich
  mit einer Methode beschäftigen, die längerfristigen Unter-
  richt und die Begleitung durch einen guten Lehrer erfordert
  (wie z.B. Yoga, Taijiquan oder Qigong)?

> ▶ Suche ich eine Gruppe, in der ich regelmäßig nette Leute treffen und ein langfristiges Training machen kann, oder wünsche ich mir eher eine intensive Einzelarbeit mit einem erfahrenen Therapeuten an meiner Seite, bei der auch tiefergehende persönliche Fragestellungen bearbeitet werden können?
> ▶ Habe ich körperliche oder psychische Beschwerden, für die ich mir eine Linderung erhoffe? Wie viel spezielle Fachkenntnis erwarte ich diesbezüglich vom Lehrer/Trainer/Therapeuten?
> ▶ Oder auch einfach ganz pragmatisch: Was wird vor meiner Haustür denn so angeboten, wie komme ich da hin und wie lässt sich das Angebot mit meiner Arbeitszeit vereinbaren?

Ich schlage Ihnen hier Übungen vor, die aus verschiedenen Traditionen und Herangehensweisen stammen. Dieses Buch hat nicht den Anspruch, Ihnen eine bestimmte Methode beizubringen. Über alle oben genannten Verfahren gibt es bereits viele gute Bücher, wenn Sie mehr darüber lesen möchten.

Wie finde ich bzw. woran erkenne ich einen guten Lehrer?
Diese Frage wird mir häufig gestellt und sie ist gar nicht so einfach zu beantworten.

Zunächst sollte der Lehrer (bzw. die Lehrerin) natürlich gut qualifiziert sein in dem Verfahren, das er oder sie unterrichtet. Bei vielen der beschriebenen Verfahren gibt es z. B. Berufsverbände, die bestimmte Ausbildungsstandards vorgeben und von denen man Adressenlisten bekommen kann.

Allerdings ist meiner Erfahrung nach nicht jeder, der etwas selbst sehr gut kann oder der eindrucksvolle Titel hat, auch ein toller Lehrer. Neben der fachlichen ist hier auch die soziale Kompetenz gefragt: das Einfühlungsvermögen, die kommunikativen und pädagogischen Fähigkeiten und auch die menschliche Reife, mit dem Machtgefälle zwischen Lehrer und Schüler verantwortungsbewusst umzugehen. Ein von mir sehr geschätzter Taiji-Lehrer, Wilhelm Mertens, erzählte in einer Fortbildung einmal davon, wie er das Unterrichten angeht: »Wenn ich merke, dass die Leute diese steilen

Stirnfalten bekommen, dann unterbreche ich sie beim Üben und mache was zur Auflockerung, denn ab dem Moment, wo sie diese steilen Stirnfalten bekommen, lernen sie nichts mehr.«

Meine persönliche Antwort auf die Frage nach dem richtigen Lehrer ist daher folgende: Ein guter Lehrer (bzw. eine gute Lehrerin) bringt Ihnen Methoden bei, mit denen Sie Ihre Fähigkeiten erweitern und hilfreiche Erfahrungen machen können, ohne dass er Ihnen dabei etwas aufdrückt, das nicht zu Ihnen passt. Er wird seinen Erfahrungsschatz mit Ihnen teilen und Sie dann dazu ermutigen, Ihre eigenen Erfahrungen zu machen und Ihren eigenen Weg zu gehen. Er wird Sie achtungsvoll behandeln und zu erkennen geben, dass er selbst auch noch jeden Tag etwas Neues dazulernt.

Sie merken schon, das sind lauter Dinge, die man nicht daran erkennen kann, welche Titel oder Zertifikate der Lehrer an der Wand hängen hat. Es führt meines Erachtens kein Weg daran vorbei, hinzugehen, ein Schnuppertraining mitzumachen und dann auf das eigene Bauchgefühl zu hören: Tut es mir gut, hier weiter mitzumachen? Lerne ich hier das, was ich suche? Was sagt mein Körper zu den Übungen? Vertrauen Sie Ihrem Körperempfinden. Und fragen Sie den Lehrer alles, was Sie wissen möchten. Ein guter Lehrer geht auf Ihre Fragen ein.

Menschen suchen sich zudem ganz unterschiedliche Lehrer aus, je nachdem, welche Ziele und Bedürfnisse sie haben. Falls Sie vorhaben, Ihr Leben ganz dem tiefgründigen Verständnis des Qigong zu widmen, ein vollkommen erwachter Großmeister zu werden und mit Hilfe von Qi-Übertragung kranke Menschen heilen zu können, werden Sie sich andere Lehrer suchen als jemand, der einfach nur lernen will, sich nach Feierabend besser entspannen und ruhiger schlafen zu können. Wenn Sie krank sind und oft Schmerzen haben, sollte der Lehrer unbedingt in der Lage sein, darauf sinnvoll einzugehen und Ihnen entsprechende Anleitung zu geben, wie Sie die Übungen Ihren Bedürfnissen entsprechend abwandeln oder vereinfachen können.

Suchen Sie sich also den Lehrer, der zu Ihnen und Ihren speziellen Lernbedürfnissen passt, und machen Sie Ihre Wahl nicht davon abhängig, ob andere Leute diesen Lehrer toll finden oder nicht.

Kann man diese Methoden auch aus einem Buch oder von einer DVD lernen?

Auch diese Frage wird mir sehr häufig gestellt und die Antwort ist kurz gesagt: nein, kann man nicht. Nicht so wie von einem guten Lehrer. Wenn allerdings die Alternative ist, dass Sie es entweder aus einem Buch bzw. von einer DVD oder gar nicht lernen (etwa, weil Sie auf dem Land leben oder weil Sie Schicht arbeiten und keine Möglichkeit finden, an einem Kurs teilzunehmen), würde ich sagen: dann lieber aus einem Buch bzw. von einer DVD als gar nicht.

Vergessen Sie jedoch nicht, dass das, was man aus solchen Medien lernen kann, sehr begrenzt ist, wenn es um Körperwahrnehmung und Körperarbeit geht. Die Anleitung durch einen erfahrenen Lehrer ist unersetzlich, z. B. für eine Korrektur der Körperhaltung.

Das gilt natürlich auch für dieses Buch. Begreifen Sie es als Anregung, um ein paar neue Ideen zu bekommen und ein paar neue Dinge auszuprobieren. Und wenn Sie feststellen, dass Sie sich für diese Entdeckungsreise wirklich interessieren, dann suchen Sie sich bitte einen guten Lehrer, der Sie dabei begleiten und unterstützen kann.

6 Körperwahrnehmung – Gewahrsein im Alltag

Denn wenn Aufmerksamkeit da ist,
wenn ein Gewahrsein da ist, in dem keine Wahl,
kein Urteil ist, nur Beobachtung,
dann werden Sie sehen, dass Sie nie wieder verletzt sein werden,
und die vergangenen Verletzungen sind weggewischt.

Krishnamurti, Vollkommene Freiheit

Im letzten Kapitel habe ich Ihnen eine ganze Reihe von Methoden vorgestellt, die dazu dienen, die Körperwahrnehmung systematisch zu trainieren. Nun hat aber nicht jeder Zeit und Lust, sich für ein langjähriges, umfangreiches Training einer dieser Methoden zu entscheiden. Sie können auch einfach erst einmal damit beginnen, selbstständig mit Hilfe der hier beschriebenen Alltagsübungen Ihren Körper ein bisschen besser kennenzulernen und neue Erfahrungen zu machen.

> **Übung**
>
> **Alltagsübung: Essen und Trinken**
> Wenn Sie das nächste Mal etwas essen oder trinken, können Sie sich Zeit nehmen, die dabei entstehenden Empfindungen genau wahrzunehmen:
>
> *(1) Sie legen nicht gleich los mit Essen oder Trinken, sondern setzen sich erst einmal ganz bewusst hin und spüren ein paar Momente lang Ihren Körper:*
> »Wie sitze ich gerade da, wie fühlt sich der Rücken an, wie fühlen sich die Arme und Beine an, ist der Stuhl bequem?« Spüren Sie bewusst ein paar Momente lang die Berührung Ihrer Füße am Boden und den Fluss Ihres Atems im Bauch und Brustkorb. Spüren Sie auch kurz in den Magen hinein:»Wie fühlt sich der

Magen an, habe ich Hunger, habe ich Appetit, wie und wo genau nehme ich das wahr, ist das ein Drücken oder ein Rumoren oder ein ziehendes Gefühl?« Und spüren Sie kurz, ob Sie innerlich entspannt sind oder unruhig oder aufgeregt, und wo genau im Körper Sie das wahrnehmen können.

(2) Dann beginnen Sie in aller Ruhe mit dem Essen oder Trinken und konzentrieren sich dabei auf Ihre Körperempfindungen. D. h., Sie achten nicht nur auf den Geruch und Geschmack der Speise oder des Getränks, sondern auf alle Empfindungen, die beim Essen bzw. Trinken in Ihrem Körper entstehen. Wie kalt oder warm fühlt sich das an im Mund? Wie weich oder zäh oder wabbelig oder fest oder hart oder kantig oder flüssig? Wo genau im Mund ist ein Druck oder eine Wärme oder Kälte zu spüren? Welche Muskeln spannen sich beim Kauen an? Wie klingt das Kauen, welche Geräusche höre ich und wie fühlt sich das Hören an? Wie schnell oder langsam fließt oder gleitet die Wärme oder Kälte im Hals nach unten, und bis wie weit unten können Sie das noch deutlich spüren? Was für ein Gefühl entsteht im Magen, spüren Sie da überhaupt etwas? Welche dieser Empfindungen sind angenehm und welche unangenehm?

(3) Lassen Sie sich überraschen: Hat sich das jetzt genauso angefühlt wie sonst, wenn Sie etwas essen oder trinken, oder haben Sie eine interessante neue Erfahrung gemacht? Welche Schlüsse ziehen Sie aus dieser Erfahrung?
Kleiner Tipp: Diese einfache Übung eignet sich auch gut für Menschen, die Gewicht reduzieren möchten. Sie hilft dabei, entspannter und bewusster zu essen und das Essen mehr zu genießen.

Nach demselben Prinzip können Sie sich auch jeder anderen Alltagstätigkeit zuwenden, um sie einmal ganz gegenwärtig und mit Aufmerksamkeit für all Ihre Körperempfindungen zu erleben. Etwa das Geschirrspülen, die Gartenarbeit, oder den kleinen Fußmarsch zum Bahnhof.

Alltagsübung: Spaziergang

Nehmen Sie sich im Alltag Zeit für einen bewusst erlebten kleinen Spaziergang. Das kann eine halbe Stunde auf einem schönen Weg durch den Wald sein oder auch nur die fünf Minuten von der Straßenbahnhaltestelle nach Hause – entscheidend ist, dass Sie sich bewusst dafür entscheiden, auf diesem Weg alle Ihre gegenwärtigen Körperempfindungen und Sinneswahrnehmungen genau zu beobachten, wie bei einer Gehmeditation, anstatt sich (wie wir es sonst oft tun) mit Gedanken an die Zukunft oder an die Vergangenheit zu beschäftigen. Gehen Sie alleine, unterhalten Sie sich mit niemandem, schalten Sie das Handy aus, und verzichten Sie auch auf Musikbeschallung über Kopfhörer oder ähnliche Ablenkungen.

Sie können damit beginnen, bei jedem Schritt wahrzunehmen, wie Ihre Füße den Untergrund spüren. Jeder Schritt fühlt sich ein bisschen anders an. Vielleicht können Sie Zweige, Steine oder Bordsteinkanten unter Ihren Füßen spüren, den Unterschied in der Schwingung des Bodens je nach Untergrund (Gras, Erde, Pflastersteine, Asphalt etc.) oder die Schräge des Weges, wenn er nicht ganz eben ist. Beobachten Sie, wie Ihre Körperhaltung sich an den Untergrund anpasst (z. B., wenn er schräg ist oder wenn Sie eine Stufe nehmen). Beobachten Sie, wie Ihr Gewicht sich bei jedem Schritt von der Ferse zum Vorderfuß verlagert, bevor der Fuß sich vom Boden hebt. Sie können auch ein Stück weit barfuß gehen, um noch lebendigere Eindrücke zu erhalten (z. B. vom leicht feuchten, kühlen Gras einer Morgenwiese, oder von der unterschiedlichen Temperatur verschiedenfarbiger Pflastersteine).

Sie können dann mit Ihrer Aufmerksamkeit durch Ihren ganzen Körper wandern und genau beobachten, wie Ihre Beine sich anfühlen beim Gehen, der Rücken, der Bauch und Brustkorb, die Arme und Hände, der Kopf und Hals. Sie können Ihre Körperhaltung spüren und die Bewegungen, die Ihr Körper beim Gehen macht. Fühlen sich die Arme locker an? Schwingen sie beim Gehen und, wenn ja, in welchem Rhythmus? Wie bewegt sich Ihr Brustkorb beim Gehen? Fühlt er sich weit oder eng an? In welchen Körperteilen können Sie Ihren Atem spüren? Wie verändert sich Ihr Körperempfinden, wenn Sie eine Zeit lang bewusst etwas schneller oder langsamer gehen als gewohnt? Wie genau fühlt es sich an, wenn Ihr Herz schneller schlägt, der Atem sich beschleunigt, wenn Sie beginnen, zu schwitzen? Wo in Ihrem Körper spüren Sie Wärme oder Kälte, und wie fühlt sich das an? Welche Empfindungen spüren Sie auf der Haut, wenn Wind oder Regentropfen darauf treffen?

Nehmen Sie auch einmal bewusst wahr, welche Vorstellungen und Erwartungen Sie zu diesen Empfindungen im Kopf haben (z. B., dass Regen immer unangenehm ist oder dass Waldboden immer angenehmer ist als Asphalt) und wie es jetzt gerade ist, hier in der Gegenwart (vielleicht überraschend anders als vom Kopf erwartet?).

Sie können auch die Körperempfindungen beobachten, die beim Sehen, Hören und Riechen entstehen. Nehmen Sie die Farben und Formen um sich herum bewusst wahr, hören Sie die Geräusche einmal ganz unvoreingenommen an (wie klingt das genau, wie lange dauert das Geräusch, schwillt es langsam auf und ab oder beginnt und endet es plötzlich, wie fühlt sich das Hören in Ihrem Körper an?), atmen Sie bewusst alle Gerüche ein und beobachten Sie Ihre eigene Reaktion darauf.

Lassen Sie sich überraschen, welche Gefühle Sie dabei in Ihrem Körper spüren (z. B. unvermittelte Freude ohne bestimmten Grund, Abneigung gegen einen bestimmten Geruchseindruck, Genuss beim Hören eines angenehmen Klangs). Registrieren Sie diese einfach: Sie sind nicht gut oder schlecht, nicht falsch oder richtig, sie sind einfach jetzt gerade da. Wenn Sie bemerken, dass Sie sich in Gedanken verwickeln (z. B.: »Warum riecht das hier so, wo kommt das her, wer hat da etwas falsch gemacht, warum bin ich auf einmal so traurig, wer hat da neulich etwas Abfälliges zu mir gesagt?« usw.), kehren Sie bewusst ganz freundlich und interessiert (also ohne sich selbst für das gedankliche Abschweifen zu verurteilen) in die Gegenwart zurück und richten Ihre Aufmerksamkeit wieder auf Ihre Körperempfindungen.

Beobachten Sie: Ist das jetzt dasselbe Erlebnis, die gleiche Erfahrung wie bisher, wenn ich diesen Weg gegangen bin? Lassen Sie sich einfach überraschen, welche neuen Erfahrungen mit Ihrem Körper Sie bei diesem Spaziergang machen, denen Sie bisher im Alltag noch keine Aufmerksamkeit geschenkt hatten, wie erholt, erfrischt oder energiegeladen Sie sich danach fühlen, oder welche neuen Gedanken und Ideen Ihnen in den Sinn kommen, die Sie weiter verfolgen möchten.

Was ist »Gewahrsein«?

Unvoreingenommenes Wahrnehmen des gegenwärtigen Augenblicks.
Die beiden oben beschriebenen Alltagsübungen sind dazu geeignet, das »achtsame Gewahrsein« bei alltäglichen Aktivitäten zu schulen.

Dieser Begriff stammt aus der buddhistischen Lehre und Meditationspraxis und bedeutet, die Aufmerksamkeit absichtsvoll und nicht bewertend auf die Gegenwart zu lenken (anstatt sich in Gedanken an die Vergangenheit oder Zukunft zu verlieren) und die Dinge so wahrzunehmen, wie sie jetzt sind. Die Aufmerksamkeit bleibt auf das unmittelbare Erleben des gegenwärtigen Moments gerichtet, wobei man eine empirische, also unvoreingenommen forschende Grundhaltung einnimmt, die durch Neugier, Wissensdrang, Aufgeschlossenheit, Offenheit und Akzeptanz gekennzeichnet ist. Es wird kein bestimmter Zustand (wie etwa Entspannung oder innere Freude) angestrebt, sondern die auftauchenden Bewusstseinsinhalte (Körperempfindungen, Sinneswahrnehmungen, Gedanken, Gefühle) werden einfach zur Kenntnis genommen.

Im Gegensatz zur Konzentration, bei der man die Aufmerksamkeit gezielt auf bestimmte Inhalte einengt (z.B. nur die rechte Hand ganz genau zu spüren), wird beim achtsamen Gewahrsein sozusagen eine »Weitwinkeleinstellung« der Aufmerksamkeit angestrebt, die in einer umfassenden, klaren und hellwachen Offenheit für die gesamte Fülle der Wahrnehmungen besteht. In buddhistischen

Schriften wird dies mit Begriffen wie »offene Weite« oder »der Geist so weit wie das Firmament« bezeichnet. Achtsamkeit kann in diesem Sinne auch beschrieben werden als die Fähigkeit, die Aufmerksamkeit nicht-wertend auf etwas zu richten, von diesem Objekt wieder zu lösen und auf etwas anderes zu richten, also für alle Arten von Eindrücken offen zu bleiben.

Dieses offene Gewahrsein, z. B. in der Vipassana- oder Zen-Meditation, unterscheidet sich daher von anderen Meditationsformen, bei denen eine starke Konzentration auf bestimmte Vorstellungsbilder, auf ein Mantra oder auf den Atem im Vordergrund steht (Samatha- oder Geistesruhe-Meditation). **Akzeptanz für alle gegenwärtigen Erfahrungen.** Was auch zu beachten ist: Meditation ist kein Wellness-Programm! Im Gegensatz zu Wellness-Angeboten (wie z. B. einem Erholungswochenende in einem schönen Hotel, mit Sauna, warmen Duftöl-Massagen usw.) wird für Meditation keine bestimmte Inneneinrichtung benötigt, keine Buddhastatue in der Ecke, keine teuren Duftöle oder Kräutermischungen, und es geht auch nicht darum, sich wohlzufühlen im Sinne von Genuss.

Wenn Patienten mir von ihren ersten Versuchen mit Meditationsübungen erzählen, klingt das oft so: »Das habe ich einmal probiert, aber das funktioniert bei mir nicht. Ich fühlte mich innerlich gar nicht ruhig, sondern total hibbelig. Das ist nichts für mich, das kann ich nicht.« Die Erwartung an sich selbst, sich beim Meditieren die ganze Zeit über entspannt, ruhig, gemütlich, vollkommen gelassen und zentriert fühlen zu sollen, ist ein Missverständnis. Gewahrsein bedeutet, alles, was im Bewusstsein auftaucht, vorbehaltlos wahrzunehmen. *Alle Erfahrungen* werden mit entspannter Neugier begrüßt und bewusst beobachtet, auch die Unachtsamkeit, die innere Unruhe, die Hibbeligkeit, das Aufgewühltsein, die eigenen Urteile, Bewertungen oder Ansprüche, die sich überstürzenden Gedanken, die Gier nach Anerkennung durch andere, das Hungergefühl im Bauch, das Zwicken im Rücken oder das Kribbeln in den Füßen. Ziel ist es, alle ins Bewusstsein tretenden Empfindungen akzeptierend wahrzunehmen, ohne die angenehmen festhalten oder die unangenehmen wegschieben zu müssen. Der Meditierende lernt etwas darüber, wie sein eigener Geist funktioniert, und aus dieser Erfahrung kann eine völlig neue innere Freiheit und Gelassenheit entstehen. Dabei stellen sich dann natürlich mit der Zeit auch sehr viele angenehme Empfindungen ein, wie z. B. Erfahrungen von innerem Frieden, Einssein und Verbundenheit. Sich des eigenen »Innenlebens« gewahr zu werden, kann jedoch vor allem am Anfang auch eine sehr konfrontative Erfahrung sein, die durchaus nicht nur angenehm ist. Bisherige Gewissheiten werden durcheinandergebracht, daher sollte man mit Methoden der Einsichts-Meditation nur dann neu beginnen, wenn eine grundlegende psychische Stabilität gegeben ist.

Falls Sie bei Ihren ersten Versuchen mit Meditation oder Achtsamkeitsübungen feststellen sollten, dass Sie schwerwiegende psychische Probleme haben, können Sie dies als hilfreichen und nützlichen Hinweis betrachten, sich eine passende Begleitung zu suchen (z. B. durch einen Psychiater oder Psychotherapeuten). Auch ein erfahrener Meditationslehrer kann Sie beraten, welche Übungen für Sie schon jetzt geeignet sind und mit welchen Sie besser noch etwas warten sollten, bis Sie mehr innere Stabilität gewonnen haben.

Sich des eigenen Körpers gewahr werden

Wenn Sie damit beginnen, im Alltag immer häufiger auf Ihre Körperwahrnehmungen zu achten, gibt es viele verschiedene Aspekte, auf die Sie Ihre Aufmerksamkeit richten können. Einige davon werde ich in den folgenden Kapiteln genauer beleuchten:

So können Sie z. B. Ihre *Atmung* beobachten: Fließt sie langsam oder schnell, tief oder flach, frei und ungehindert oder eingeengt? Welche Atemräume nutzen Sie und welche nicht, und welche Auswirkungen hat das?

Sie können das *Wechselspiel von Anspannung und Entspannung* genauer erkunden: Welche Muskeln sind angespannt und welche locker? Wo im Körper ist Ruhe oder Aktivierung spürbar? Auf welche Reize reagiert Ihr Körper mit Anspannung und auf welche mit Entspannung? Welche Auswirkungen hat das, beispielsweise auf Schmerzempfindungen?

Sie können auch Ihre *Körperhaltung* genauer wahrnehmen: Ist sie bequem oder unbequem, aufrecht oder zusammengesunken, starr oder beweglich, eng oder weit?

Sie können dann auch bemerken, *was sich schon allein dadurch verändert, dass Sie all das bewusst beobachten.*

Und Sie können absichtlich *Veränderungen vornehmen und deren Auswirkungen beobachten:* Wie kann ich z. B. meine Atmung tiefer oder flacher, schneller oder langsamer werden lassen? Wie kann ich meine Körperspannung erhöhen oder vermindern? Wie kann ich meine Körperhaltung verändern? Welche Folgen hat das?

Für Einsteiger gut geeignet ist eine *einfache Körperspürübung*, bei der Sie alle Körperteile systematisch von unten nach oben durchgehen.

Übung

Körperspürübung (auch bekannt als »Body-Scan«)

Diese Übung stammt ursprünglich aus der Vipassana-Tradition und wird im Yoga, Taijiquan und Qigong in unterschiedlichen Varianten geübt. Manche von Ihnen kennen sie vielleicht unter dem Namen »Body-Scan« aus dem MBSR nach Jon Kabat-Zinn. Dort soll eine recht ausführliche Version als Basisübung in den ersten Wochen des Programms jeden Tag 45 Minuten lang geübt werden. Aber auch wenn Sie eine kürzere Variante bevorzugen (z. B. nur zehn Minuten lang), ist es sehr nützlich, diese Übung eine Zeit lang täglich zu praktizieren. Damit können Sie Ihre Körperwahrnehmung deutlich verbessern.

Legen Sie sich bequem auf den Rücken, die Arme liegen entspannt neben dem Körper. Sie können es sich gerne auf Ihrem Bett oder auf einer weichen Decke bequem machen, um sich während der Übung auch körperlich gut entspannen und erholen zu können. Achten Sie aber darauf, dabei nicht einzuschlafen, sondern wach und aufmerksam zu bleiben. Falls Ihnen das sehr schwerfällt, wäre es sinnvoll, die Übung zu einem Zeitpunkt am Tag zu machen, an dem es Ihnen leichter fällt, wach zu bleiben (z. B. am Vormittag), oder es sich etwas weniger bequem zu machen (etwa in einem Sessel halb sitzend zu üben oder die Augen offen zu lassen).

Atmen Sie tief ein und erlauben Sie beim Ausatmen Ihren Augen, sich zu schließen. Beobachten Sie zunächst Ihren Atem, wie er ganz von alleine fließt und Ihre Bauchdecke hebt und senkt, ohne dass Sie etwas dazu tun müssen. Während der ganzen Übung geht es nicht darum, etwas zu verändern oder einen bestimmten Zustand zu erreichen. Beobachten Sie einfach alles, was ist, und nehmen Sie es so zur Kenntnis, wie es jetzt im Moment ist. Registrieren Sie alle Empfindungen und lassen Sie sie dann wieder los. Versuchen Sie nicht, sie festzuhalten oder wegzumachen. Wenn Sie bemerken, dass Gedanken auftauchen, nehmen Sie auch das einfach wahr, lassen die Gedanken wieder los und wenden sich freundlich und aufmerksam wieder Ihren Körperempfindungen zu. Verurteilen oder beschimpfen Sie sich selbst nicht dafür, wenn Ablenkungen auftauchen, das ist ganz normal. Gehen Sie freundlich mit sich selbst um und kehren Sie einfach immer wieder zur Übung zurück.

Nehmen Sie sich nun zunächst Zeit, Ihren gesamten Körper wahrzunehmen als ein Ganzes. Spüren Sie die Auflageflächen, wo Ihr Körper die Unterlage berührt, und nehmen Sie Ihre Körpergrenzen wahr (bis wohin reicht er, und wo beginnt die Außenwelt).

Lenken Sie nun Ihre Aufmerksamkeit auf Ihre Zehen. Spüren Sie genau in Ihre Zehen hinein: Spüren Sie Wärme, Kälte, die Berührung der Socken oder der Decke, Weiches, Hartes, ein Kribbeln, die Stellung der Gelenke, Schmerzempfindungen? Vielleicht können Sie auch gar nichts spüren, auch das ist in Ordnung. Nun wandern Sie mit Ihrer Aufmerksamkeit weiter zum Fußrücken, zu den Fußsohlen, zu den Fersen und Fußknöcheln. Nehmen Sie auch dort bewusst alle Empfindungen wahr. Wenn Sie es hilfreich finden, können Sie sich auch vorstellen, in die Zehen und Füße hinein zu atmen, während Sie durch sie hindurch spüren.

Wandern Sie nun mit Ihrer Aufmerksamkeit systematisch durch Ihren ganzen Körper: zuerst von den Füßen in die Unterschenkel, Schienbeine, Waden, Kniegelenke, Oberschenkel, das Gesäß. Dann vom Gesäß aufwärts durch Bauch und Brustkorb und den ganzen Rücken entlang bis zum Nacken. Von den Fingerspitzen über die Handinnenflächen, Handrücken, Handgelenke, Unterarme, Ellbogen, Oberarme bis zu den Schultern. Vom Nacken und Hals in den Kopf und ins Gesicht bis zum obersten Scheitelpunkt.

Beobachten Sie interessiert und aufmerksam alle Empfindungen, die Sie wahrnehmen können. Welche Muskeln fühlen sich angespannt an und welche entspannt? An welchen Stellen berührt der Körper die Unterlage? Wo ist Wärme oder Kälte zu spüren? Hängen die Schultern locker nach unten oder sind sie hochgezogen? Sind Unterkiefer und Augenlider entspannt und locker oder angespannt? Beißen die Zähne aufeinander? Und so weiter.

Wenn Gedanken oder Gefühle auftauchen, registrieren Sie diese kurz, lassen sie dann wieder los und wenden sich immer wieder den Empfindungen in dem Körperteil zu, bei dem Sie gerade sind. Sie können sich auch vorstellen, in diesen Körperteil hineinzuatmen. Nehmen Sie sich für die Übung so viel Zeit, wie Sie brauchen, um den ganzen Körper in aller Ruhe durchzugehen.

Schließen Sie die Übung dann ab, indem Sie ein paar Mal tief durchatmen, sich strecken und räkeln, und zum Schluss wieder die Augen öffnen.

7 Atmung

Während er auf dem Fußwege
zur Eisbahn ging, sagte er zu sich selbst:
»Ich darf mich nicht aufregen; ich muss ruhig sein.
Warum klopfst du so?«, redete er sein Herz an
»Was hast du? Sei still, du dummes Ding!«
Aber je mehr er sich bemühte, ruhig zu werden,
umso schwerer wurde ihm das Atmen.

Lew Tolstoi, Anna Karenina

Bei jeder Form von Körperarbeit hat die Atmung eine ganz zentrale Bedeutung. Zum Einstieg in dieses Thema möchte ich Sie gleich zu einer kleinen Übung einladen. Bitte nehmen Sie sich einige Minuten Zeit dafür, bevor Sie weiterlesen.

Übung

Entdecken Sie Ihre Atemräume

Bitte stellen Sie sich bequem hin, am besten stabil und etwas breitbeinig, das Gewicht verteilt sich gleichmäßig auf beide Füße.

Falls Ihnen das Stehen schwerfällt, können Sie die Übung auch im Sitzen machen – dann setzen Sie sich bitte stabil und aufrecht auf Ihre Sitzhöcker auf die Vorderkante eines Stuhls oder Hockers, lehnen Sie sich nicht an, und stellen Sie die Füße etwas breitbeinig auseinander.

Erste Übung: Bauchatmung. Legen Sie die Hände auf Ihren Bauch etwas unterhalb des Bauchnabels. Atmen Sie ganz normal durch die Nase ein und aus, und stellen Sie sich vor, Sie würden jetzt beim Einatmen in Ihre Hände hineinatmen. Am einfachsten geht das, indem Sie den Bauch entspannen und beobachten, wie die Luft beim Einatmen Ihre Hände bewegt. Sie können den Effekt verstärken, indem Sie beim Ausatmen bewusst die Bauchdecke leicht nach innen ziehen, um noch mehr Luft herauszu-

---

drücken, und sie dann am Ende der Ausatmung wieder loslassen und entspannen. Atmen Sie nicht bewusst und absichtlich ein, sondern entspannen Sie sich am Ende der Ausatmung einfach in diese kleine Pause hinein, die ganz von selbst entsteht, und entspannen Sie Ihre Bauchdecke. Dann werden Sie feststellen, dass ganz von selbst, ohne dass Sie etwas dazu tun müssen, der Einatemimpuls kommt und Ihren Bauch wieder mit Luft füllt.

Beobachten Sie genauer: Ist diese Art zu atmen für mich gewohnt oder ungewohnt? Wie viel Luft hat da Platz in meinem Bauch? Fühlt sich das eng und verkrampft an oder weit und mühelos? Wann atme ich im Alltag so? Sie brauchen jetzt nichts verändern oder verbessern, nehmen Sie einfach nur wahr, was ist, und vergleichen Sie es mit Ihrer »normalen« Alltagserfahrung.

Zweite Übung: Flankenatmung. Legen Sie jetzt bitte Ihre Hände auf die Rippen rechts und links eine Hand breit oberhalb Ihrer Taille (die Daumen zeigen nach vorne, die Finger liegen auf dem Rücken, wenn das nicht bequem geht, können Sie auch die Handrücken auf die Rippen legen). Atmen Sie ganz normal weiter durch die Nase und konzentrieren Sie sich jetzt beim Einatmen darauf, in Ihre Hände hineinzuatmen, sodass der untere Brustkorb sich beim Einatmen deutlich weitet. Atmen Sie in Ihren Rücken bzw. in die Körperseiten hinein.

Beobachten Sie: Ist diese Art zu atmen für mich gewohnt oder ungewohnt? Woher kenne ich das? Wie viel Luft hat da Platz im Vergleich zum Bauch? Fühlt sich das eng oder weit an?

Dritte Übung: Schlüsselbeinatmung. Legen Sie Ihre Hände rechts und links auf den Pectoralis-Muskel zwischen Schlüsselbein und Brustwarzen. Atmen Sie ganz normal durch die Nase weiter und stellen Sie sich vor, beim Einatmen in Ihre Hände hineinzuatmen, sodass der obere Brustkorb sich etwas hebt beim Einatmen.

Beobachten Sie: Ist diese Art zu atmen für mich gewohnt oder ungewohnt? Woher kenne ich das, wann im Alltag atme ich so? Wie viel Luft hat da Platz im Vergleich zum Bauch und zu den Flanken? Fühlt sich das eng und verkrampft oder weit und frei an?

Vierte Übung: Vollständige Atmung. Zum Abschluss kommt jetzt noch eine Übung für Fortgeschrittene. Erwarten Sie nicht von sich, das gleich zu können, probieren Sie es einfach mal spaßeshalber für einige Atemzüge aus, ganz locker, in Ihrem eigenen Tempo.

Vollständige Atmung bedeutet, Sie kombinieren jetzt alle drei Atemräume: Beim Einatmen atmen Sie zuerst in den Bauch ein, dann in die Flanken, dann ins Schlüsselbein (alles in einem einzigen Atemzug). Beim Ausatmen machen Sie es umgekehrt: Ausatmen aus dem Schlüsselbein, dann aus den Flanken, dann aus dem Bauch. Sie können sich dabei unterstützen, indem Sie jeweils wechselnd kurz die Hände auf die drei verschiedenen Stellen legen, dann geht es leichter.

Abschließender Vorschlag für den Alltag. Erlauben Sie sich im Alltag den Luxus, immer mal wieder eine Minute lang zu beobachten, wie Sie gerade atmen. Sie brauchen dafür nicht aufzuhören mit dem, was Sie gerade tun. Fahren Sie mit Ihrer Tätigkeit einfach fort und beobachten Sie, welche der drei Atemräume Sie gerade nutzen und welche nicht, und wie Sie sich dabei fühlen: Fühlt es sich gut an? Ist es so angenehm? Wie tief oder flach, wie schnell oder langsam atmen Sie gerade? Bekommen Sie genügend Luft, um sich wohlzufühlen?

Die »Atemräume«. Die Theoretiker unter Ihnen werden jetzt vielleicht einwenden: »Aber das ist doch Blödsinn, man atmet doch nicht in den Bauch oder ins Schlüsselbein, wie soll das denn gehen?« Damit haben Sie natürlich völlig recht. Wir atmen weder in den Bauch noch ins Schlüsselbein, sondern immer in die Lunge.

Die Lunge ist jedoch ein ziemlich großes Organ in unserem oberen Brustkorb, und je nachdem, welche Bereiche der Lunge belüftet werden, fühlt sich das Atmen ganz unterschiedlich an. Die sogenannte Bauchatmung kommt dadurch zustande, dass das Zwerchfell (das ist eine zwischen der Bauch- und der Brusthöhle liegende kuppelförmige Muskel-Sehnen-Platte) sich beim Einatmen zusammenzieht und nach unten drückt (so entsteht ein Unterdruck in der Lunge, die sich daraufhin mit Luft füllt). Die Zwerchfellkuppel wird beim Einatmen flacher, die darunterliegenden Bauchorgane werden nach unten gedrückt, und dadurch entsteht der Eindruck, der Bauch fülle sich mit Luft. Die korrekte Bezeichnung für die Bauchatmung ist daher eigentlich:»Zwerchfellatmung«. Bei der Flanken- und Schlüsselbeinatmung sind andere Muskeln aktiv, vor allem die Zwischenrippenmuskeln und die Atemhilfsmuskulatur, so werden auch die weiter oben liegenden Bereiche der Lunge belüftet.

Die oben beschriebene Übung habe ich schon mit sehr vielen Patienten, in der Klinik auch regelmäßig mit größeren Gruppen durchgeführt. Mir fiel dabei auf, wie schwer es vielen Menschen fällt, einmal ganz unvoreingenommen wahrzunehmen, wie sie jetzt im Moment gerade atmen. In einer Gruppensituation kommen erfahrungsgemäß sehr schnell Tendenzen auf, bestimmte eigene Erfahrungen als»normal« zu beschreiben (z. B.»Normalerweise atmet man weiter oben, nur wenn man sich körperlich anstrengt, atmet man auch in den Bauch«) oder Vorgaben zu machen, wie»man atmen muss« (z. B.»Man muss immer in den Bauch atmen«, weil das die Yogalehrerin gesagt habe). Dies bewirkt in einer Gruppe häufig, dass dann alle beteuern, bei ihnen sei das auch so, ohne dass sie wirklich genau beobachten, ob es denn tatsächlich so ist oder vielleicht ganz anders. Daher gewöhnte ich mir an, auch in Gruppen immer jeden Einzelnen nach seiner individuellen Erfahrung zu fragen.

Die Bauchatmung. Es gibt z. B. Menschen, denen die Bauchatmung sehr fremd ist und sehr ungewohnt oder gar unmöglich erscheint. Das kann der Fall sein, wenn aufgrund körperlicher Einschränkungen ein freies Atmen schon lange nicht mehr möglich war (bspw. nach großen Bauchoperationen oder bei starken Rückenschmerzen) oder wenn ein Mensch aufgrund von Ängsten oder Stressbelastungen sehr angespannt ist. Für solche Menschen bedeutet es oft einen Riesenschritt in Richtung Entspannung, Beruhigung, Schmerzlinderung und Stressabbau, wenn sie sich nach und nach eine tiefe und entspannte Bauchatmung wieder aneignen können. Die Bauchatmung neu zu entdecken kann sich anfangs sehr seltsam oder unsicher anfühlen, falls Sie schon seit vielen Jahren daran gewöhnt sind, Ihren Bauch ständig einzuziehen (z. B. weil Sie schlank aussehen möchten). Sie können sich langsam herantasten an diese neuen, freien Empfindungen, bis sie Ihnen immer vertrauter werden.

Die Flankenatmung ist ebenfalls manchen Menschen sehr fremd und ungewohnt, bei anderen kommt spontan die Aussage: »Ja, so atme ich oft, da geht ganz viel Luft rein, viel mehr als in den Bauch.« Diesen Atemraum wieder zu erschließen, kann z. B. für das entspannte und klangvolle Singen oder Sprechen sehr hilfreich sein, da hier wichtige Resonanzräume liegen. Sie kennen das von kleinen Kindern: Die können stundenlang herumrennen und dabei laut schreien oder singen, ohne heiser zu werden.

Die Schlüsselbeinatmung schließlich ist der Bereich, in dem sehr viele Menschen sich ausschließlich bewegen, sobald sie »im Stress« sind. Sie atmen dann nur noch sehr flach und bekommen schnell ein Engegefühl, als ob sie nicht mehr richtig durchatmen könnten. Man kann dann unter Umständen von außen beobachten, dass sich der Brustkorb gut sichtbar hebt, während dieser Mensch eigentlich gerade versucht, in den Bauch zu atmen (was aber wegen der Anspannung im Bauchbereich nicht gelingt). Andererseits gibt es aber auch Menschen, die deutliche Schwierigkeiten im Bereich der Schlüsselbeinatmung haben. Eine Verstärkung dieser Atembewegung kann bei diesen Menschen unter Umständen starke Gefühle auslösen, wenn sich die Verkrampfung im Herzbereich löst. Oft fließen dann Tränen. Anders zu atmen kann also auch emotional etwas in Bewegung bringen.

»Richtig« atmen? Was ich damit sagen möchte: Es gibt kein »richtig« oder »falsch«! Körperliche Schutzhaltungen (z. B. die Schultern gewohnheitsmäßig nach vorne zu ziehen und nur noch ganz flach zu atmen) haben immer einen Sinn. Sie entstehen z. B. dann, wenn ein Mensch im Verlauf seines Lebens Angriffen ausgesetzt war, vor denen er berechtigterweise versuchte, sich zu schützen. Da sie allerdings meistens nur einen emotional empfundenen und keinen tatsächlich nach außen hin wirksamen Schutz bieten, ist es oft im weiteren Verlauf des Lebens hilfreich, sie wieder aufzulösen und stattdessen andere Kompetenzen zum Selbstschutz aufzubauen (bspw. Nein sagen zu lernen, anstatt den Brustkorb eng zu machen und mit dem Atmen aufzuhören, wenn jemand mich zu etwas überreden will).

Angemessener wäre also die Frage: Ist es jetzt hilfreich und angenehm, so zu atmen wie bisher, oder nicht? Und wofür wäre es gut, anders zu atmen als bisher?

Die Atmung ist etwas ganz Besonderes: Sie ist autonom gesteuert … Die Atmung wird normalerweise autonom (also unwillkürlich, ohne bewusstes Zutun) gesteuert vom vegetativen Nervensystem. Glücklicherweise ist das so, denn sonst wären wir alle schon lange erstickt. Es ist nicht nötig, den ganzen Tag und die ganze Nacht über daran zu denken, dass wir ein- und ausatmen müssen, weil unser Organismus das ganz zuverlässig auch ohne unser bewusstes Zutun für uns erledigt.

Vereinfacht gesagt funktioniert das folgendermaßen: Chemorezeptoren messen den Kohlendioxid-Gehalt des Blutes. Sobald dieser einen bestimmten Schwellenwert überschreitet, wird durch das Atemzentrum im verlängerten Rückenmark (etwa in Höhe des vierten Halswirbels) der Einatemreflex ausgelöst (es gibt noch ein paar andere, weniger wichtige Regelkreise, die ich hier aber nicht näher erläutern möchte).

Da diese ganzen Regulationsvorgänge auch ohne unser bewusstes Zutun zuverlässig funktionieren, können wir uns tatsächlich (so wie in der Übung oben beschrieben) bei einer Atemübung vollkommen darauf verlassen, dass die Einatmung ganz von selbst kommen wird, auch ohne dass wir absichtlich einatmen. Wir können daher unsere Aufmerksamkeit ganz aufs Ausatmen und Loslassen richten und uns dabei völlig sicher fühlen.

Der Vorteil dabei ist folgender: Wenn Sie zu den Menschen gehören, die noch relativ ungeübt sind im Hinblick auf Atemübungen oder Körperarbeit, dann ist die Wahrscheinlichkeit hoch, dass Sie ganz ungünstige Dinge tun werden, wenn Sie sich sagen:»Jetzt atme ich mal tief ein.« Die meisten Leute ziehen dann nämlich Schultern und Brustkorb hoch, spannen den Bauch an und ziehen die Luft heftig und verkrampft durch die Nase ein. Das ist weder entspannend noch hilfreich.

Versuchen Sie stattdessen einmal Folgendes: Lassen Sie den Atem kommen, indem Sie sich *nach dem Ausatmen* in die ganz von selbst entstehende kleine Pause hinein entspannen und den Bauch locker lassen, *ohne absichtlich einzuatmen.* Warten Sie einfach ab, entspannen Sie Ihren Bauch und beobachten Sie, wie nach ein paar Sekunden der Einatemimpuls ganz von alleine kommt, sodass sich Ihr Bauch ohne Ihr absichtliches Zutun ganz von selbst weitet und die Luft einströmen lässt. Das fühlt sich völlig anders an als das gewohnte »Ich atme jetzt mal tief ein«, wesentlich entspannter und wohltuender.

... aber die Atmung ist auch bewusst beeinflussbar

Die Atmung hat eine Sonderstellung unter unseren Körperfunktionen. Wie gerade geschildert, wird sie normalerweise *autonom gesteuert* vom vegetativen Nervensystem. Sie ist aber *auch bewusst steuerbar,* d. h., wir können sie absichtlich beeinflussen, viel leichter als andere vegetative Funktionen (wie z. B. den Herzschlag oder Blutdruck). Wir können absichtlich langsamer, schneller, tiefer oder flacher atmen. Eine solche Veränderung unseres Atemmusters gibt uns daher eine *direkte Einflussmöglichkeit auf vegetative Funktionen.* Wie wir atmen, hat innerhalb weniger Minuten ganz deutlichen Einfluss darauf, wie wir uns fühlen.

Hyperventilation. Haben Sie z. B. schon einmal miterlebt, wenn jemand hyperventilierte? Oder ist Ihnen das selbst schon einmal passiert? Hyperventilation bedeutet, dass jemand viel schneller und tiefer atmet, als er aufgrund seiner körperlichen Aktivität eigentlich müsste, und deshalb der Sauerstoffgehalt des Blutes viel zu hoch wird. Schneller und tiefer zu atmen, weil man gerade einen Dauerlauf macht, ist dagegen keine Hyperventilation, denn da verbraucht der Körper tatsächlich mehr Sauerstoff als sonst.

Zur Hyperventilation kann es kommen aufgrund körperlicher Ursachen (z. B. nach einem Schädel-Hirn-Trauma oder bei sehr hohem Fieber), aber auch bei Angstattacken, wenn jemand in Panik gerät oder unter sehr starkem Stress steht. Dies führt dann innerhalb weniger Minuten zu extrem unangenehmen körperlichen Empfindungen: Schwindelgefühl, Wattegefühl im Kopf, Kribbeln in Händen und Füßen, Angst- und Unwirklichkeitsgefühle, weiche Knie,

Herzklopfen, kalter Schweiß, Zittrigkeit und so weiter. Wenn jemand über längere Zeit hyperventiliert, kann sich diese Symptomatik bis hin zu Muskelkrämpfen und Bewegungsunfähigkeit (z. B. die sog. »Pfötchenstellung« der Hände) steigern und bei Epileptikern können auch Anfälle ausgelöst werden.

Übung

Experiment für Mutige: Zwei Minuten lang absichtlich hyperventilieren

Wenn Sie mutig und experimentierfreudig sind, können Sie das einmal selbst ausprobieren. Beachten Sie aber bitte unbedingt folgende Vorsichtsmaßnahmen:

▶ Machen Sie dieses Experiment bitte nur, wenn Sie gesund und in guter Allgemeinverfassung sind (also auch nüchtern sind und nicht unter Alkohol- oder Drogeneinfluss stehen!). Falls Sie unter Epilepsie, unter einer neurologischen oder Herzerkrankung leiden, sollten Sie unbedingt auf dieses Experiment verzichten! Im Zweifelsfall fragen Sie bitte vorher Ihren Arzt!

▶ Falls Sie unter einer schwerwiegenden psychischen Erkrankung leiden, besprechen Sie bitte zuerst mit Ihrem behandelnden Psychiater oder Psychotherapeuten, ob dieses Experiment für Sie hilfreich sein kann, und machen Sie es dann ggf. besser unter fachlicher Anleitung.

Sie können, wenn Sie möchten, auch eine Vertrauensperson (z. B. einen guten Freund) bitten, Sie bei dem Experiment zu begleiten und zu unterstützen. Diese Person sollte einfühlsam und wohlwollend sein, aber auch selbstbewusst und nicht schüchtern oder überängstlich. Sie sollte sich zutrauen, Ihnen während des Experiments bei Bedarf ganz klare Anweisungen zu geben. Am besten lesen Sie vorher die Beschreibung zusammen durch und üben erst einmal Teil 2 (Beruhigung der Atmung) gemeinsam ein zur Vorbereitung.

Teil 1: Zwei Minuten kontrollierte Hyperventilation. Stellen Sie eine Uhr mit Sekundenzeiger gut sichtbar auf oder geben Sie sie der Begleitperson in die Hand. Auf das Startzeichen beginnen Sie damit, absichtlich so schnell und tief zu atmen wie ein Dauerläufer, der total außer Atem am Ziel ankommt. Atmen sie dabei etwa einmal pro Sekunde tief ein und aus. Die Begleitperson schaut auf die Uhr, sagt Ihnen alle 15 Sekunden, wie viel Zeit schon vergangen ist, und kann Sie auch etwas anfeuern und zum Durchhalten ermutigen. Nach etwa 30–40 Sekunden Hyperventilation werden Sie schon deutliche Symptome bemerken. Sie können interessiert beobachten, wie Ihr Körperempfinden und Ihre Gefühle sich verändern, ob Sie z. B. zittrig werden, Angst bekommen oder wo im Körper die Veränderungen am deutlichsten spürbar werden. Falls Sie bemerken, dass es Ihnen zu viel wird, versuchen Sie bitte nicht, um jeden Preis die zwei Minuten durchzuhalten. Sie können sich jederzeit entscheiden, abzubrechen und gleich zu Teil 2 überzugehen. Um Sie dabei zu unterstützen, sollte die Begleitperson ruhig und gelassen bleiben und Ihnen bei Bedarf eindeutige, klare Anweisungen geben, wie in Teil 2 beschrieben.

Teil 2: Beruhigung der Atmung. Hören Sie auf, so schnell zu atmen. *Konzentrieren Sie sich darauf, so kraftvoll, so lange und so tief Sie können auszuatmen*, indem Sie die Luft durch Ihre aufeinandergelegten Lippen kräftig hinauspusten wie jemand, der ein Blasinstrument spielt. *Atmen Sie langsam durch die Nase in den Bauch ein*, und dann wieder so kraftvoll, lange und tief Sie können *aus durch die sogenannte »Lippenbremse«.* Sie können nun beobachten, wie innerhalb von ein bis zwei Minuten die unangenehmen Empfindungen schon wieder deutlich nachlassen. Falls Sie bemerken, dass Sie sich innerlich noch aufgeregt und zittrig fühlen, können Sie sich auch selbst *beim Ausatmen innerlich ein Ruhewort vorsagen* (z. B. »Ruhe«, »Entspannen«, »alles in Ordnung«). Atmen Sie so ruhig und langsam weiter, bis Sie sich wieder gut fühlen.

Es lohnt sich übrigens, Teil 2 (Beruhigung der Atmung) gut einzuüben und im Gedächtnis zu behalten. Wenn Sie einmal jemandem begegnen, der unabsichtlich hyperventiliert (z. B. weil er eine Panikattacke hat), können Sie ihm helfen, sich auf diese Weise wieder zu beruhigen. Diese Art zu atmen ist eine *sehr* wirksame Notfallmaßnahme in jeder Art von Schreck- oder Angstsituation.

Vielen Menschen passiert es irgendwann in ihrem Leben aber auch einmal, dass sie unfreiwillig hyperventilieren, etwa im Rahmen einer Panikattacke. Für diesen Fall ein wenig Hintergrundwissen parat zu haben, ist daher sinnvoll.

Was tun bei ungewollter Hyperventilation?

In der Verhaltenstherapie wird ein solcher Hyperventilationstest (d. h., man hyperventiliert 120 Sekunden lang absichtlich und kontrolliert und hört dann wieder damit auf) in der Behandlung von Panikattacken eingesetzt, um dem Patienten erfahrbar zu machen, dass diese extrem unangenehmen körperlichen Empfindungen tatsächlich durch das zu schnelle Atmen entstehen und dass sie innerhalb weniger Minuten wieder verschwinden, wenn man aufhört, zu hyperventilieren und absichtlich wieder langsam atmet.

Wenn jemand *ungewollt* hyperventiliert, gelingt es ihm häufig nicht, damit selbstständig wieder aufzuhören. Hilfreich ist es dann, dem betroffenen Menschen dabei zu helfen, sich zu beruhigen und die Atmung wieder zu verlangsamen (wie in Teil 2 des Experiments oben beschrieben). Im Notfall hilft es auch, eine Plastiktüte über Mund und Nase zu halten und dort hineinzuatmen (um die Sauerstoffzufuhr zu verringern).

Einen sehr interessanten Hinweis gab mir ein körpertherapeutisch erfahrener Kollege (Giesen, 2014): Die natürlichste Methode zum Umgang mit Hyperventilation im Rahmen einer Angstattacke sei im Grunde, das zu tun, wofür der Organismus in diesem Moment Energie bereitstellt: körperliche Aktivität

(Kampf oder Flucht). Vielleicht ist es ein interessanter Gedanke für Sie, einmal hineinzuspüren, ob bei einer Angstattacke Ihr Körper eigentlich wegrennen oder zuschlagen möchte und deshalb atmet wie ein Dauerläufer? Und wie es sich auswirken würde, wenn Sie in diesem Moment körperlich aktiv werden und den überschüssigen Sauerstoff verbrauchen würden (z. B. indem Sie einmal um den Block rennen oder auf dem Ergometer-Fahrrad richtig losstrampeln)?

Veränderung der Atmung im Alltag

Das beschriebene Beispiel verdeutlicht, wie eindrucksvoll die Auswirkung eines ungünstigen Atemmusters innerhalb kürzester Zeit sein kann. Umgekehrt heißt das natürlich auch, dass es innerhalb weniger Minuten ganz deutlich spürbare positive Auswirkungen haben kann, wenn die Atmung in einer günstigen Art und Weise verändert wird. Um diese Erkenntnis im Alltag umsetzen zu können, ist es nützlich, erst einmal zu beobachten: Wie atme ich denn überhaupt im Alltag? Sie können z. B. beobachten:

▶ Wie atme ich in Ruhe und wie bei körperlicher Belastung?

▶ Wie atme ich, wenn ich entspannt bin, und wie, wenn ich es eilig habe oder mich überfordert fühle?

▶ Wie atme ich, wenn meine Frau mich anschreit oder wenn die Kinder schon wieder meckern?

▶ Atme ich normalerweise schnell und flach? Oder tief und langsam?

▶ Welche Atemräume nutze ich im Alltag und welche nicht? Wovon hängt das ab? Sind da bestimmte typische Muskelverspannungen im Weg, die mich am Atmen hindern? Und wie wirkt sich das aus?

Sehr deutlich beobachtbar ist im Alltag bspw. oft das Phänomen, dass Menschen die Luft anhalten, wenn sie sich anstrengen. Dies ist der Grund dafür, warum Bewegungstherapeuten bei der Gymnastik immer wieder sagen: »Bitte weiteratmen.« Ein Bewegungsablauf wird sofort eckig und verkrampft, wenn man dabei die Luft anhält. Schön ist es dann zu erleben, wie angenehm und flüssig die Bewe-

gung wird, sobald man dabei den Atem wieder frei ein- und aus-
strömen lässt.

Bevor Sie weiterlesen, können Sie sich ein paar Minuten Zeit
nehmen für ein kleines Experiment, das Ihnen den Zusammenhang zwischen Atmung, Muskelspannung, Körperhaltung und Be-
wegungsabläufen verdeutlichen kann:

Übung

Kleines Experiment zur Bauchatmung in Bewegung

(1) Stellen Sie sich hin. Ziehen Sie den Bauch ein, kneifen Sie
die Pobacken zusammen und ziehen Sie den Beckenboden
hoch. Spannen Sie Ihren ganzen Beckenbereich absichtlich
an, sodass die Bauchatmung deutlich behindert ist. Spüren
Sie, wie Sie dastehen und wie sich das anfühlt.

(2) Gehen Sie ein paar Schritte durch den Raum und halten Sie
dabei weiter die Spannung in Bauch, Po und Beckenboden
fest. Spüren Sie, wie Ihr Körper sich dabei anfühlt.

(3) Bleiben Sie dann wieder stehen und gehen Sie dazu über,
Ihren Bauch bewusst zu entspannen. Lassen Sie den Bauch,
den Po und den Beckenboden locker hängen. Atmen Sie ein
paar Mal entspannt ein und aus, spüren Sie dabei, wie der
Atem Ihren Bauch bewegt und wie Sie jetzt dastehen. Nehmen Sie den Unterschied zu vorher wahr und wo im Körper
Sie ihn überall spüren können.

(4) Dann gehen Sie wieder ein paar Schritte durch den Raum
und lassen Sie dabei Ihren Bauch, Po und Beckenboden
weiter locker hängen. Spüren Sie, wie Ihr Körper sich dabei
anfühlt, nehmen Sie den Unterschied zu vorher wahr.

(5) Werten Sie die Erfahrung für sich aus: Welche Unterschiede
haben Sie festgestellt? Wie hat sich das Stehen und Gehen
angenehmer angefühlt: mit angespanntem oder mit ent-
spanntem Bauch? Wann fühlten Sie sich sicherer, standfester
oder beweglicher? Wann hatten Sie den besseren Bodenkontakt?

Bei diesem und ähnlichen Experimenten gibt es erstaunlich viel zu entdecken. Daher noch einmal der Vorschlag: *Erlauben Sie sich im Alltag den Luxus, immer mal wieder eine Minute lang zu beobachten, wie Sie gerade atmen.* Sie brauchen dafür nicht aufzuhören mit dem, was Sie gerade tun. Beobachten Sie Ihren Atem »in action«, während Sie einfach weiter das tun, was Sie gerade tun. Lassen Sie sich überraschen, was Sie dabei herausfinden.

Aus diesen neuen Erkenntnissen können Sie dann für Ihre spezielle Situation individuell maßgeschneiderte Veränderungsmaßnahmen ableiten, wenn Sie möchten. Dafür ein paar Beispiele:

▶ Susi stellt fest, dass sie oft unwillkürlich minutenlang die Luft anhält, wenn sie beim Lernen etwas nicht gleich kapiert. Das bewirkt, dass ihr Kopf dann erst recht nur noch voller Nebel ist. Sie entwickelt für sich folgende Gegenmaßnahme: Wenn sie beim Lernen merkt, dass sie durcheinander kommt, sagt sie sich selbst innerlich vor: »Schön weiteratmen! Ein – aus – ein – aus.« Das hilft ihr, sich zu entspannen und wieder klar denken zu können.

▶ Gerhard hat einen cholerischen Chef, der oft herumbrüllt. Er stellt fest, dass sein Bauch und Brustkorb dann ganz eng werden und er das Gefühl hat, keine Luft mehr zu bekommen. Er beschließt, beim nächsten Mal, wenn sein Chef wieder laut brüllt, erst mal bewusst »auf Durchzug« zu stellen, gar nicht mehr hinzuhören, sondern sich innerlich auf einige tiefe Atemzüge zu konzentrieren und den Bauch zu entspannen. Seither fühlt er sich in solchen Situationen viel selbstsicherer und kann deutlich ruhiger und souveräner auf die Vorwürfe des Chefs reagieren als bisher.

▶ Lars muss beruflich viel sprechen. Er wird dabei schnell heiser, das stört ihn. Er findet heraus, dass es ihm guttut, sich vor einem Vortrag oder Seminar ein bis zwei Minuten Zeit zu nehmen, um in Ruhe tief durchzuatmen, die Muskeln am Hals zu entspannen und bewusst die Atemräume im Rücken und im Bauch zu aktivieren. Seither kann er mühelos auch längere Vorträge halten, ohne heiser zu werden.

Im Qigong und im Yoga gibt es eine Vielzahl von Atemübungen, die erfahrungsgemäß für viele Menschen im Alltag sehr hilfreich sind.

Zwei einfache Atemübungen zum Ausprobieren möchte ich Ihnen hier gerne vorstellen. Vielleicht möchten Sie sie gerne in Ihrem Alltag einsetzen, um sich etwas Gutes zu tun? Am wirksamsten sind solche Übungen natürlich immer dann, wenn man sie regelmäßig praktiziert (z. B. jeden Tag ein paar Minuten lang). Wenn Sie erst einmal beobachtet haben, wie deutlich die Auswirkungen auf Ihr Wohlbefinden im Alltag sind, dann werden Sie auf solche Übungen nicht mehr verzichten wollen.

Übung

Atemübung aus dem Yoga: Wechselatmung
Diese Übung gibt es in unterschiedlichen Varianten. Sie hilft dabei, innere Ruhe und inneres Gleichgewicht zu finden und fördert die Konzentrationsfähigkeit. Im Folgenden wird eine Anfänger-Variante beschrieben (Wechselatmung ohne Phase des Luftanhaltens). Für Fortgeschrittene gibt es verschiedene Varianten mit einer Phase des Luftanhaltens zwischen dem Ein- und dem Ausatmen, die dann auch stärkere energetische Wirkungen entfalten. Wenn Sie diese erlernen möchten, lassen Sie sich bitte von einem guten Yoga-Lehrer anleiten und fragen Sie ihn, ob diese Übung für Sie geeignet ist (Luftanhalten ist nicht für alle Menschen gut).

Setzen Sie sich aufrecht und entspannt hin. Sie können in Ihrem bevorzugten Meditationssitz sitzen oder auf einem Stuhl. Ihre Haltung sollte nicht steif sein, aber aufrecht und würdevoll.

Heben Sie Ihre rechte Hand. Verschließen Sie mit Ihrem rechten Daumen Ihr rechtes Nasenloch. Zeigefinger und Mittelfinger der rechten Hand werden eingerollt, sodass die Fingerspitzen am Daumenballen anliegen, Ringfinger und kleiner Finger bleiben gestreckt und liegen eng aneinander.

Atmen Sie ruhig, langsam und vollständig (s. Übung »Vollständiges Atmen« zu Beginn dieses Kapitels) durch das linke Nasenloch ein und zählen Sie dabei langsam bis fünf.

Verschließen Sie nun mit dem Ringfinger der rechten Hand das linke Nasenloch, lösen Sie den Daumen vom rechten Nasenflügel, und atmen Sie langsam und möglichst geräuschlos durch das rechte Nasenloch aus. Zählen Sie dabei langsam bis zehn. Atmen Sie nun durch das rechte Nasenloch wieder ein und zählen Sie dabei langsam bis fünf. Verschließen Sie das rechte Nasenloch mit dem Daumen, lösen Sie den Ringfinger vom linken Nasenflügel und atmen Sie durch das linke Nasenloch ruhig, langsam und möglichst geräuschlos wieder aus. Zählen Sie dabei langsam bis zehn. Usw. Beginnen Sie zunächst mit einer kurzen Übung (z. B. fünf bis zehn Mal den Ablauf links ein – rechts aus – rechts ein – links aus). Wenn Sie sich mit der Übung wohlfühlen, können Sie auch länger üben (bis zu 20–30 Minuten). Sie können dann im weiteren Verlauf auch sechs Sekunden ein und zwölf Sekunden ausatmen oder sieben Sekunden ein und 14 Sekunden aus, je nachdem mit welchem Atemrhythmus Sie entspannt und mühelos üben können. Respektieren Sie Ihre eigenen Grenzen und zwingen Sie sich zu nichts, gegen das Sie einen inneren Widerstand spüren.

Im Gegensatz zu der Wechselatmung aus dem Yoga, die in Ruhe im Sitzen ausgeführt wird, ist die folgende Atemübung aus dem Qigong mit einer Körperbewegung verbunden. Diese hilft dabei, den Brustkorb zu öffnen, die Atmung zu vertiefen und über den angenehm ruhigen Bewegungsfluss in eine positive Grundstimmung einzutreten.

Übung

Atemübung aus dem Qigong: »Die Wolken auseinanderschieben«
Bitte suchen Sie sich einen Platz, an dem Sie aufrecht stehen und Ihre Arme ungehindert in alle Richtungen bewegen können, ohne irgendwo anzustoßen. Der Raum sollte gut gelüftet, aber nicht zugig sein. Bitte tragen Sie ganz flache, bequeme Schuhe. Je nach Temperatur können Sie auch barfuß oder in warmen Socken üben.

Stellen Sie sich aufrecht hin. Die Füße stehen parallel und etwa schulterbreit. Knie- und Hüftgelenke sind entspannt und gelöst, nicht starr durchgedrückt. Lassen Sie Ihren Körperschwerpunkt bzw. Ihr Steißbein ganz leicht nach unten sinken (nur ein paar Millimeter, nicht tief in die Knie gehen). Stellen Sie sich vor, Ihr oberster Scheitelpunkt würde von einem goldenen Faden nach oben gezogen werden, sodass Ihre Wirbelsäule ganz sanft gestreckt wird, wobei die Wirbelsäule aber entspannt und frei beweglich bleibt. Ihr Kinn ziehen Sie ganz leicht nach hinten (also bitte nicht vorstrecken, das ist wichtig), und die Zungenspitze ruht entspannt am oberen Gaumen hinter den Schneidezähnen. Schultern und Nacken entspannen sich, und die Arme hängen einfach locker seitlich neben dem Körper.

Lassen Sie den Atem frei strömen und beobachten Sie, wie er in Ihren Bauch fließt. Sie können die Hüftgelenke leicht vor und zurück bewegen, bis Sie die richtige Position gefunden haben, in der die Atmung frei in den Bauch fließen kann und in der der untere Rücken sich entspannen kann.

Beim nächsten Einatmen führen Sie jetzt die Arme von unten her kommend vor dem Körper so zusammen, dass das rechte Handgelenk über dem linken liegt (beide Handflächen zeigen nach oben, die Handgelenke berühren sich nicht, s. Zeichnung), und führen dann die Arme vor der Körpermitte nach oben bis in Kopfhöhe. Dann heben Sie die Arme weiter bis über den Kopf und drehen dabei die Handflächen erst nach vorne, dann nach außen.

Mit dem Ausatmen führen Sie die beiden Hände (die Handflächen zeigen jetzt nach außen) in einem großen Kreisbogen rechts und links des Körpers wieder nach unten. Mit dem Einatmen beginnt die Bewegung von vorne: die Arme mit dem Einatmen vor dem Körper gekreuzt hochheben bis über den Kopf, mit dem Ausatmen seitlich in einem großen Bogen wieder nach unten führen. Dabei bleiben die Schultern entspannt und werden nicht hochgezogen. Die Bewegung fließt ohne Pause immer weiter, so als ob Sie Ihre Arme durch Wasser bewegen würden.

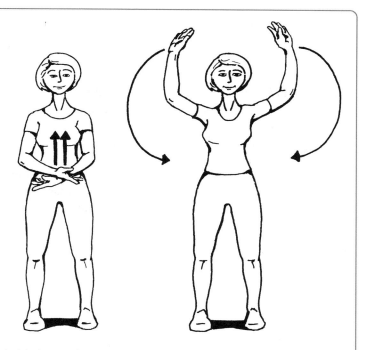

Sobald Ihnen die Bewegung vertraut ist, richten Sie Ihre Aufmerksamkeit zusätzlich auf folgendes Vorstellungsbild: Mit dem Ausatmen teilen sich die Wolken und der Sonnenschein bricht hervor. Sie stehen an einem schönen Ort in der Natur, atmen die frische Luft tief ein und nehmen die wohltuende Sonnenenergie in sich auf.

Diese Übung vertieft die Atmung, öffnet den Brustkorb und vielleicht, wenn Sie sich darauf einlassen mögen, öffnet sie auch Ihr Herz und verbessert Ihre Stimmungslage.

8 Ein Wohlgefühl im eigenen Körper finden: Anspannung und Entspannung

Aus Mangel an Ruhe läuft unsere Zivilisation in eine neue Barbarei aus.
Zu keiner Zeit haben die Tätigen, d. h. die Ruhelosen, mehr gegolten.

Friedrich Nietzsche

Bei der Beschäftigung mit dem Atem haben Sie schon bemerkt: Wenn Sie in bestimmten Situationen oder in bestimmten Atemräumen nicht frei atmen können, hängt das meistens damit zusammen, dass entweder eine zu hohe oder eine zu niedrige Muskelspannung da ist (wenn bspw. die Muskeln im Bauchbereich oder am Hals zu stark angespannt sind, oder wenn der ganze Oberkörper schlaff und zusammengesunken ist und deshalb die Weite fehlt).

Um ein Wohlgefühl im eigenen Körper finden zu können, ist es wichtig, sich mit den Phänomenen von Anspannung und Entspannung zu beschäftigen. Dabei geht es einerseits um muskuläre Anspannung (d. h., bestimmte Muskeln ziehen sich zusammen), aber auch um die innere Anspannung (also ein Gefühl von Hochspannung, das mit Unruhe, Nervosität, Gereiztheit oder Ängstlichkeit verbunden sein kann, aber auch mit Euphorie oder Vorfreude). Beides geht oft miteinander einher.

Um gleich zu Anfang ein weit verbreitetes Missverständnis auszuräumen: Anspannung ist nicht dasselbe wie Wachsein und Entspannung ist nicht dasselbe wie Schlafen. Entspannungstraining hat daher mit Schlafen nichts zu tun. Man kann sehr verkrampft schlafen (dann fühlen sich die Menschen oft ganz »gerädert« am nächsten Morgen oder haben Kieferschmerzen, weil sie nachts mit den Zähnen knirschen). Umgekehrt kann man aber auch ganz entspannt hellwach sein. Bei einem Entspannungstraining geht es darum zu lernen, wie man *im Wachzustand* die eigene Muskelspannung reduzieren und innere Ruhe finden kann. Langfristig führt das dann natürlich in der Regel dazu, dass man auch besser schlafen kann, aber kurzfristig gesehen ist es erst einmal wichtig, während der Übungen wach zu bleiben, damit man die Methode richtig erlernen kann.

Bevor Sie weiterlesen, möchte ich Sie bitten, das folgende kleine Experiment einmal auszuprobieren:

Übung

Kleines Experiment zum »Es-sich-leichter-Machen«
Schritt (1): Stellen Sie sich ganz normal stabil und aufrecht hin, die Beine ungefähr schulterbreit auseinander. Heben Sie dann beide Arme vor Ihrem Körper gerade ausgestreckt hoch auf Schulterhöhe. Verweilen Sie dort kurz und lassen Sie dann Ihre Arme wieder sinken.

Machen Sie diese Bewegung zwei oder drei Mal und beobachten Sie dabei einfach, wie es sich anfühlt, wenn Sie diese Bewegung so ausführen, wie Sie es im Alltag spontan machen würden, ohne darüber nachzudenken (z. B. um beim Einkaufen einen Pullover hochzuhalten, den Sie sich anschauen möchten).

Schritt (2): Dann versuchen Sie etwas Neues: Lassen Sie Ihren Körper einen Weg finden, wie er genau dieselbe Bewegung leichter und müheloser machen kann, mit weniger Krafteinsatz. Probieren Sie einfach verschiedene Möglichkeiten aus. Es gibt keine Vorgabe, wie Sie es machen sollen. Lassen Sie einfach Ihren Körper einen Weg finden, sich bei dieser Bewegung weniger anzustrengen und weniger Muskelkraft einzusetzen. Machen Sie ein paar Minuten lang immer wieder dieselbe Bewegung und lassen Sie sich überraschen, welche Muskeln Sie dabei entspannen können, die bisher »überschüssige« Arbeit geleistet haben. Alle Muskeln, die Sie für diese Bewegung und für das aufrechte Stehen nicht unbedingt brauchen, dürfen sich entspannen. Sie können z. B. den Nacken und die Schultern lockerlassen, das Gesicht weich werden lassen und die Muskeln an den Armen und Beinen, im Bauch und Rücken nur gerade so viel anspannen, wie es für den Bewegungsablauf nötig ist. Vertrauen Sie Ihrem Körper, dass er einen Weg findet, wie er es sich in angenehmer Weise leichter machen kann, sodass die Bewegung immer flüssiger und müheloser wird.

> Beobachten Sie, wie sich die Bewegung jetzt anfühlt, und was der Unterschied ist. Sie können dieses Experiment auch mit jeder beliebigen anderen Alltagsbewegung wiederholen.

Eine solche Feinarbeit an einzelnen Körperhaltungen oder -bewegungen, das Entwickeln einer ökonomischen Wohlspannung, die eine leichte und mühelose Bewegung ermöglicht, wird im Feldenkrais, aber auch in der Alexandertechnik, im Qigong und im Taijiquan intensiv geübt (Information über diese Methoden finden Sie in Kap. 5).

Im Alltag ist es völlig normal und gesund, einen Wechsel von Anspannung und Entspannung zu erleben. Auf Zeiten erhöhter Anspannung folgen Zeiten der Erholung, und solange dieser Wechsel in einer guten Balance ist, kommt der Organismus damit gut zurecht. Wenn jedoch chronisch über längere Zeit die Anspannung zu hoch oder zu niedrig ist, kann dies zu Problemen führen.

Bei allen Arten körperlicher und seelischer Beschwerden ist es daher sinnvoll, sich zu überlegen, ob sie Ausdruck einer Über- oder eher einer Unterspannung sind, um entsprechend wirksame Behandlungsmaßnahmen entwickeln zu können.

Übersicht

Symptome, an denen Sie Überspannung oder Hochspannung erkennen

Auf das Vorliegen einer überhöhten Anspannung deuten folgende Kriterien hin:

► unnötiges Hin- und Herlaufen, nicht stillsitzen können
► unruhige Hände oder Füße, immer etwas tun müssen
► sichtbare Nervosität, Reizbarkeit und Ungeduld, Zittern
► übertriebene Euphorie oder Überdrehtsein
► beschleunigte Atmung, höherer Puls und Blutdruck
► angespannte Körperhaltung (steif wie ein Stock oder sichtlich »unter Dampf« wie kurz vor einer Explosion stehend) oder Sitzposition (z. B. auf der Stuhlkante, als ob derjenige gleich wieder flüchten möchte)

- angespanntes Gesicht, verkrampfte Mimik, steifer Nacken
- nächtliches Zähneknirschen, tagsüber Verkrampfung der Kaumuskulatur
- Schlafstörungen
- vorbestehende Ängste steigern sich zu Panikattacken
- körperliche Stressanzeichen wie z. B. Kopf- oder Rückenschmerzen, gehäuftes Auftreten von Migräneattacken oder Asthmaanfällen, Schwindelattacken, trockener Mund, Verdauungsbeschwerden, Tinnitus
- bei zu hoher Anspannung einzelner Muskeln: der Muskel schmerzt, verkrampft sich, beginnt zu zittern, wird ganz hart

Maßnahmen, mit denen Sie Ihr Spannungsniveau senken können

Wenn Sie feststellen, dass Sie sich unwohl fühlen, weil Ihre Anspannung zu hoch ist, gibt es eine Vielzahl von möglichen Gegenmaßnahmen, die Sie treffen können. Im Folgenden werde ich Ihnen einige Beispiele dafür aufzählen.

Wichtige Grundregeln dabei:
(1) Setzen Sie möglichst nicht auf den Einsatz von Alkohol, Beruhigungs- oder Schlafmitteln. Das bringt langfristig oft unerfreuliche Nebenwirkungen mit sich. In den meisten Fällen gibt es andere Möglichkeiten. Falls Sie den Eindruck haben, die Hilfe eines Beruhigungsmittels zu brauchen, besprechen Sie dies bitte unbedingt zuerst mit dem Arzt Ihres Vertrauens. Geben Sie niemals verschreibungspflichtige Beruhigungsmittel einfach an Freunde oder Verwandte weiter.
(2) Versuchen Sie nicht, die innere Unruhe zu unterdrücken oder sich krampfhaft zu etwas zu zwingen, sondern entscheiden Sie sich in einem Geist freundlicher und liebevoller Selbstfürsorge dazu, sich etwas Gutes zu tun, z. B. mit einer der folgenden Maßnahmen.

Bewegen Sie sich. Wenn Sie so unter Strom stehen, dass Sie sich auf beruhigende Übungen erst einmal gar nicht einlassen können, sollten Sie sich unbedingt zuerst Bewegung verschaffen: z. B. Nordic

Walking, eine Runde auf dem Fahrrad oder ein flotter Spaziergang am Abend. Das baut die Stresshormone ab, die in Ihrem Körper zirkulieren (Adrenalin, Cortisol usw.), sodass Sie danach besser in der Lage sind, sich mit einer der hier vorgeschlagenen Übungen zu entspannen. Studien haben gezeigt, dass regelmäßiger moderater Ausdauersport (drei Mal pro Woche für 30–60 Minuten) Bluthochdruck senkt und gegen Panikattacken genauso gut hilft wie Medikamente.

Massieren und dehnen Sie Ihre Muskeln. Wenn bestimmte einzelne Muskeln sehr angespannt sind (z. B. im Nacken), ist es auch oft hilfreich, sanfte Dehnungsübungen oder eine kleine Selbstmassage zu machen. Lassen Sie sich von einem Physiotherapeuten entsprechende Übungen oder Handgriffe zeigen, mit denen Sie sich im Alltag selbst helfen können.

Überdenken Sie Ihren Umgang mit Koffein und Alkohol. Reduzieren Sie Ihren Konsum von Kaffee, Cola oder anderen anregenden Substanzen. Falls Sie bisher gewohnheitsmäßig alkoholische Getränke »als Einschlafhilfe« nutzen, entscheiden Sie sich, damit aufzuhören. Alkohol stört die Schlafarchitektur (d. h. den natürlichen Ablauf der verschiedenen Schlafphasen) und ein solcher funktionaler Einsatz von Alkohol kann leider auch sehr leicht zu Suchtproblemen führen. Kochen Sie sich stattdessen besser einen beruhigenden Kräutertee (mit Kamille, Baldrian, Hopfen, Melisse oder Passionsblume, vielleicht auch mit einem Löffel voll Honig darin, wenn Sie mögen) und genießen Sie ihn schön langsam und in Ruhe aus einer großen Tasse, die angenehm in der Hand liegt und an der Sie sich auch emotional ein bisschen »festhalten« können. Sie können daraus ein neues Abendritual entwickeln, das Ihnen hilft, zur Ruhe zu kommen.

Entspannen Sie sich regelmäßig und systematisch. Erlernen Sie eine Entspannungsmethode (z. B. autogenes Training oder progressive Muskelentspannung nach Jacobson, s. Kap. 5) und führen Sie sie über einige Wochen täglich durch. Wenn Sie zunächst eine starke innere Unruhe bei den Übungen spüren, beginnen Sie am besten zunächst mit kurzen Übungen (zweimal täglich fünf Minuten) und steigern Sie dann allmählich die Übungsdauer bis auf 20 Minuten am Tag. Finden Sie einen regelmäßigen Platz im Alltag für die Übung

(z. B. immer in der Mittagspause nach dem Essen). Entwickeln Sie aus der Übung, die Ihnen vertraut geworden ist, eine alltagsnahe Kurzversion (z. B. bei der PMR: nur 2–3 Mal Ganzkörperanspannung, keine einzelnen Muskelgruppen, oder beim AT: 2–3 Lieblingsformeln), die Sie jederzeit schnell und wirksam in kurzen Alltagspausen einsetzen können.

Finden Sie eine Übung, mit der Sie sich im Alltag wirksam beruhigen können. Suchen Sie sich z. B. eine der in diesem Buch beschriebenen Atem-, Beruhigungs- oder Achtsamkeits-Übungen aus und üben Sie sie über einige Wochen regelmäßig. Besonders einfach und wirksam in jeder Art von Schock-, Angst- oder Stresssituation ist die Atemübung, die ich in Kapitel 7 als »Teil 2 – Beruhigung der Atmung« bei dem »Experiment für Mutige: Zwei Minuten lang absichtlich hyperventilieren« beschrieben habe. Am besten üben Sie sie eine Zeit lang mehrmals täglich für 3–5 Minuten, damit Sie sie in Notsituationen ganz selbstverständlich zur Verfügung haben. Das ist dann ganz nebenbei auch eine geeignete Maßnahme, um mehr Ruhe in Ihren Alltag zu bringen.

Integrieren Sie entspannende Körperarbeit in Ihren Alltag. Wenn Sie schon seit einiger Zeit einen Yoga-, Qigong- oder sonstigen Kurs mit entspannender Körperarbeit besuchen: Suchen Sie sich eine Lieblingsübung aus und üben Sie sie regelmäßig auch allein zuhause. Oft reichen schon fünf bis zehn Minuten, um sich deutlich besser zu fühlen. Probieren Sie es aus und finden Sie eine Möglichkeit, die Übung regelmäßig in Ihrem Alltag unterzubringen (z. B. immer gleich morgens nach dem Aufstehen, oder immer abends, wenn Sie nach Hause kommen), damit sie mit der Zeit genauso selbstverständlich zu Ihrem Alltag gehört wie das Zähneputzen.

Nutzen Sie Ihre Fantasie. Setzen oder legen Sie sich bequem hin und schließen Sie die Augen. Stellen Sie sich in Ihrer Fantasie schöne, angenehme, beruhigende Bilder vor. Sie können sich z. B. an einen schönen Urlaub im Süden erinnern und sich genau vergegenwärtigen, wie Sie dort am Strand liegen, die Sonne spüren, die Möwen schreien hören, die Salzluft riechen usw. Malen Sie sich dieses Ruhebild mit allen Sinnen aus. Zur Anregung Ihrer Fantasie können Sie auch eine CD mit hypnotherapeutischen Imaginationsübungen bzw. Fantasiereisen anhören, wenn Sie möchten.

Genießen Sie ruhige Musik. Machen Sie es sich in einem gemütlichen Raum so richtig bequem (z. B. in Ihrem Lieblingssessel) und hören Sie entspannende Musik an. Grundregel: die Geschwindigkeit der Musik sollte langsamer sein als der Ruhepuls, d. h. langsamer als 60 Schläge pro Minute.

Singen tut gut. Singen Sie sich selbst ein beruhigendes Lied vor (etwa ein Abend- oder Wiegenlied oder ein Mut machendes Lied wie »We shall overcome«). Sie können es sich auch vorsummen, so wie man ein Kind in den Schlaf singt, und sich dabei selbst wiegen oder in den Arm nehmen. Singen oder summen Sie leise und in einer entspannten Stimmlage (eher tief als hoch) und genießen Sie dabei das Wohlgefühl in Ihrem Körper, das durch das entspannte tiefe Atmen und durch die Schwingung Ihrer Stimme in Ihrem Bauch und Brustkorb entsteht.

Nutzen Sie die unmittelbare emotionale Wirkung angenehmer Düfte. Stellen Sie sich ein paar kleine Fläschchen mit angenehmen Düften in Reichweite Ihrer Alltagsaktivitäten auf (z. B. Melisse- oder Kiefernadel-Schaumbad, ätherische Öle o. Ä.). Wenn Sie sich gestresst fühlen, nehmen Sie sich eine Minute Zeit, um sich in Ruhe hinzusetzen und im Stuhl zurückzulehnen, das Fläschchen aufzuschrauben und für ein paar tiefe Atemzüge lang in Ruhe diesen angenehmen, beruhigenden Duft zu genießen.

Ein kleiner Spaziergang als Auszeit vom Alltag. Machen Sie einen gemütlichen Spaziergang im Freien, ohne sportlichen Ehrgeiz und gerne auch ohne bestimmtes Ziel. Schlendern Sie gemächlich und schauen Sie sich um dabei. Was gibt es alles zu sehen in der Natur? Welche Geräusche hören Sie? Welche Tiere können Sie beobachten? An welcher Blume können Sie mal kurz schnuppern? Nehmen Sie sich Zeit, auch Details zu beachten, die Ihnen noch nie zuvor aufgefallen sind, vielleicht ein hübscher Garten, an dem Sie sonst immer achtlos vorbeigehen. Nehmen Sie gerne auch einfach mal einen anderen Weg als sonst, z. B. die nächste Querstraße, die Sie noch nie entlanggegangen sind, oder den kleinen Trampelpfad am Bach entlang, statt den direkten Weg nach Hause. Genießen Sie diese wenigen Minuten wie einen kleinen Urlaub.

Übung

Beruhigungsübung für den Alltag

Wenn Sie sich im Alltag von Stress, Angst oder starken Gefühlen überwältigt fühlen, können Sie sich mit der folgenden Übung schnell und wirksam beruhigen. Sie wirkt ausgleichend auf den Energiehaushalt des Organismus.

Noch ein wichtiger Hinweis: Falls Sie diese Übung bei Panikattacken einsetzen, sollten Sie die Augen besser offen lassen, um sich gut in der gegenwärtigen Realität verankern zu können. Bei starker Angst also bitte nicht die Augen schließen!

Setzen Sie sich bequem hin und legen Sie den linken Fußknöchel über den rechten.

Strecken Sie beide Arme geradeaus nach vorne und drehen Sie die Daumen nach unten, sodass die beiden Handrücken aneinander liegen.

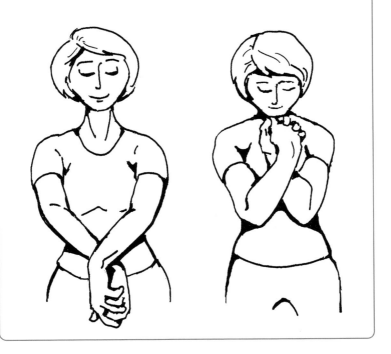

Jetzt heben Sie die linke Hand über die rechte, sodass sich die Handgelenke überkreuzen und die Handinnenflächen aneinander liegen. Verschränken Sie die Finger beider Hände miteinander.

Lassen Sie die Hände verschränkt, ziehen Sie sie zum Körper hin, und drehen Sie dabei die Arme so, dass am Ende die verschränkten Hände bequem unter Ihrem Kinn auf dem Brustkorb zu liegen kommen.

Lassen Sie Ihr Kinn auf den Händen ruhen und legen Sie die Zungenspitze an den oberen Gaumen hinter den Schneidezähnen.

Schließen Sie Augen, Ohren und Mund und richten Sie Ihre Aufmerksamkeit auf den Atem. Lassen Sie den Atem tief in den Bauch fließen und verweilen Sie so für ein paar Minuten, bis Sie spüren, dass Sie deutlich ruhiger werden.

Falls irgendetwas an dieser Körperhaltung für Sie störend oder unangenehm ist, können Sie ausprobieren, ob Sie sich mit einer Variation wohler fühlen (Sie könnten z. B. die rechte und linke Seite vertauschen oder beide Hände über Kreuz auf die Schultern legen).

Im Gegensatz zur vorherigen Übung, die vor allem für den Einsatz mitten im Alltagsgetümmel sehr gut geeignet ist, ist die folgende Übung eher gedacht für ruhige Momente, in denen Sie sich für einige Minuten ganz Ihrer Erholung widmen können.

Übung

Beruhigungsübung aus dem Qigong: »Das Pfirsichblütenblatt«
Diese Übung aus dem stillen Qigong ist besonders gut geeignet für Menschen, die sich überreizt und überanstrengt fühlen und Ruhe und Erholung brauchen. Auch wenn jemand allzu viele verschiedene Therapien hinter sich hat, kann diese Übung den aufgewühlten Organismus zur Ruhe bringen. Sie hilft gegen Nervosität und innere Unruhe und kann auch sehr gut abends

oder nachts zum Einschlafen eingesetzt werden. Falls Ihnen die Vorstellung eines Pfirsichblütenblatts fremd ist, können Sie sie selbstverständlich gerne durch das Blütenblatt einer anderen Pflanze ersetzen, vielleicht eine Kirsch- oder Apfelblüte.

Bitte beachten: diese Übung ist nicht geeignet für Menschen, die unter psychotischen oder psychosenahen Symptomen (also Stimmen hören, Halluzinationen, Wahnwahrnehmungen etc.) oder unter quälenden Gefühlen innerer Leere (z. B. bei einer Borderline-Störung) leiden. Falls dies auf Sie zutrifft, üben Sie bitte lieber die vorher beschriebene »Beruhigungsübung für den Alltag« oder die in Kapitel 7 beschriebene Übung zur Beruhigung der Atmung.

Legen Sie sich bequem auf den Rücken, die Füße sind etwa handbreit voneinander entfernt (bitte nicht die Beine übereinanderschlagen), die Arme liegen einfach entspannt neben dem Körper. Erlauben Sie Ihren Augen, sich zu schließen, und beobachten Sie zunächst für ein paar tiefe angenehme Atemzüge einfach Ihren Atem, wie er in den Bauch hineinströmt und dabei Ihre Bauchdecke bewegt.

Stellen Sie sich dann vor, Ihr Körper sei eine Röhre, die innen hohl ist. Stellen Sie sich das Material der Röhre so vor, wie es für Sie angenehm ist (Bambus, Holz, Metall etc.). Halten Sie diese Vorstellung und lassen Sie Ihren Atem weiter ganz natürlich fließen. Nach einigen Atemzügen können Sie damit beginnen, sich vorzustellen, dass mit jedem Ausatmen ein Pfirsichblütenblatt ganz sanft und leicht von Ihrem Atem durch die Röhre hindurch und unten am Fußende der Röhre hinausgeweht wird. Das Einatmen geht ganz natürlich und von alleine, tief in den Bauch hinein, ohne bestimmte Vorstellung, und mit dem Ausatmen wird das Pfirsichblütenblatt ganz sanft von Ihrem Atem zu den Füßen hinausgeweht. Wenn diese Vorstellung vertraut geworden ist, können Sie sich dann zusätzlich auch noch bei jedem Ausatmen einen tiefen, ruhigen Uuu-Ton vorstellen.

Üben Sie dies möglichst täglich für zehn Minuten. Wenn es Ihnen anfangs schwerfällt, sich so lange zu konzentrieren, können Sie auch damit beginnen, mehrmals täglich nur für zwei bis drei Minuten zu üben, und die Zeit dann langsam steigern.

Vielleicht stellen Sie aber auch fest, dass Ihre Anspannung nicht zu hoch, sondern zu niedrig ist.

Übersicht

Symptome, an denen Sie »Unterspannung« erkennen
Auch eine zu niedrige Anspannung kann ungünstig sein. Dies erkennen Sie an typischen Symptomen wie:
► schlaffe, zusammengesunkene Körperhaltung
► kraftloser Händedruck
► leerer oder mutloser Gesichtsausdruck, fehlende Lebendigkeit in der Mimik
► niedriger Blutdruck, flacher, kaum tastbarer Puls, flache Atmung
► chronisches Gefühl von Kraftlosigkeit und Antriebsmangel
► chronisches Gefühl von Sinnlosigkeit, aus eigener Kraft sowieso nichts bewirken zu können
► die Kondition verschlechtert sich deutlich (z. B. starke Atemlosigkeit, wenn man Treppen steigt oder ein Stück weit bergauf geht, Muskelschmerzen nach geringfügiger Belastung)
► bei mangelnder Benutzung einzelner Muskeln: Die Muskeln bauen sich ab und haben dann nur noch wenig Kraft

Maßnahmen, mit denen Sie Ihr Spannungsniveau heben können
Wenn Sie feststellen, dass Sie sich unwohl und kraftlos fühlen, weil Ihre Anspannung und Ihr Energieniveau zu niedrig sind, gibt es ebenfalls vielfältige Möglichkeiten, dem entgegenzuwirken. Im Folgenden werde ich Ihnen einige Beispiele dafür aufzählen.

Wichtige Grundregeln dabei:

(1) Setzen Sie möglichst nicht auf den Einsatz von großen Mengen Kaffee oder anderen anregenden Getränken, von Nikotin oder Aufputschmitteln. Das geht auf jeden Fall auch anders. Falls Sie den Eindruck haben, Ihre Erschöpfung und Kraftlosigkeit könnten Anzeichen einer Erkrankung sein (z. B. Schilddrüse, Eisenmangel, Blutdruck, Blutzucker, schwere Depression, neurologische Erkrankungen) und eine medikamentöse Behandlung erfordern, besprechen Sie dies bitte mit dem Arzt Ihres Vertrauens.

(2) Setzen Sie sich nicht unter Druck, zwingen oder schinden Sie sich nicht, sondern entscheiden Sie sich in einem Geist liebevoller Selbstfürsorge dazu, sich auf angenehme und freundliche Weise selbst in Schwung zu bringen, z. B. mit einer der folgenden Maßnahmen.

Bewegen Sie sich! Machen Sie z. B. einen zügigen Spaziergang, Nordic Walking, eine flotte Runde auf dem Fahrrad oder zehn Minuten Gymnastik oder Hanteltraining gleich früh am Morgen. Ein Sporttherapeut oder Sportarzt kann Sie beraten, wie Sie ein solches Training sinnvoll aufbauen, um sich in Schwung zu bringen, ohne sich dabei körperlich zu überlasten. Studien haben gezeigt, dass ein moderates regelmäßiges Ausdauertraining (drei Mal pro Woche für 30–60 Minuten) genauso gut gegen Depressionen hilft wie Medikamente.

Schließen Sie sich einer Sportgruppe an. In der Gemeinschaft einer netten Gruppe ist es leichter, regelmäßige Trainingstermine einzuhalten und sich immer wieder zum Weitermachen zu motivieren. Vielleicht haben Sie auch Lust auf eine kämpferische Sportart wie Boxen, Karate oder Fußball, die Ihnen Spaß macht und dabei hilft, Ihr Potenzial für Energie und Kampfgeist wiederzuentdecken.

Nutzen Sie den Schwung von Musik und Tanz. Legen Sie fröhliche Power-Musik auf und bewegen Sie sich dazu oder singen Sie mit. Machen Sie einen Tanzkurs oder suchen Sie sich einen Partner, mit dem Sie regelmäßig tanzen gehen können. Besonders gut geeignet für einen Energieschub sind sehr dynamische Tanzstile wie z. B. Salsa, Rock'n Roll oder Swingtanz (Lindy-Hop). Dabei kommt man nicht nur körperlich in Schwung, sondern kann auch viel Spaß haben und nette Menschen treffen.

Der Sonnengruß. Lassen Sie sich von einem guten Yoga-Lehrer den Sonnengruß (Suryanamaskar) beibringen: Diese Übung (von der es verschiedene Varianten gibt) enthält zwölf Bewegungen, die sehr zügig durchgeführt werden und die den ganzen Organismus (Körper und Seele) wirksam in Schwung bringen. Am besten für einige Minuten gleich am Morgen. **Wichtige Anmerkung:** Wenn Sie noch nicht sehr viel Erfahrung mit Körperarbeit haben, sollten Sie diese Übung bitte nicht selbstständig aus einem Buch oder einer Zeitschrift erlernen und ohne Anleitung eines Lehrers praktizieren (Niemeyer, 2014). Die Übung ist komplex und erfordert eine sorgfältige Korrektur, sonst kann sie bei falscher Durchführung zu einer Überlastung der Wirbelsäule und der Bandscheiben führen.

Lernen Sie, bewusst innere Kraft aufzubauen und sich selbst zu motivieren. Nehmen Sie Ihre innere Kraft zusammen, stellen Sie sich aufrecht hin, richten Sie Ihren Blick entschlossen waagerecht nach vorne, ziehen Sie Ihre Schultern ein paar Zentimeter zurück, öffnen Sie Ihren Brustkorb und ballen Sie die Fäuste. Atmen Sie tief durch und sagen Sie sich:»Ich mache das jetzt! Ich nehme das jetzt in Angriff! Das wird mir guttun, und ich werde dann wieder spüren, dass ich Kraft habe!«

Die Bedeutung von Sonnenlicht. Falls Sie dazu neigen, in der kalten, dunklen Jahreszeit einen»Durchhänger« zu bekommen, sorgen Sie dafür, auch im Winter regelmäßig Ihr Gesicht und Ihre Hände der Sonne auszusetzen und sich möglichst oft an der frischen Luft zu bewegen. Für die Behandlung ausgeprägter Winterdepressionen gibt es auch spezielle therapeutische Tageslichtlampen. Bitte suchen Sie diesbezüglich aber unbedingt fachkundige Beratung, denn billig im Internet angebotene Geräte erfüllen oft nicht die Voraussetzungen, die für eine wirksame Lichttherapie gegeben sein müssen (eine bestimmte Lichtstärke und Einwirkungsdauer sind erforderlich).

Energieübung: Singen

Wenn Sie sich niedergedrückt oder erschöpft fühlen und das Gefühl haben, eine Aufmunterung und einen Energieschub zu brauchen, probieren Sie es doch mal damit: Erinnern Sie sich an ein fröhliches und ermutigendes Lied, das eine gute Stimmung vermittelt. Das kann z. B. »Über den Wolken« oder »Singing in the rain«, ein Gospelsong, Wanderlied, ein fröhlicher Popsong oder Ihre Lieblingsarie von Händel oder Bizet sein.

Beginnen Sie leise damit zu singen, vielleicht erst einmal nur summend oder ohne Text auf »La-laaa la-la-la-laaa«. Hören Sie nicht hin, wie Ihre Stimme klingt, sondern fühlen Sie von innen her in Ihrem Körper, wie es sich anfühlt beim Singen. Genießen Sie die Vibrationen im Bauch und Brustkorb beim Singen und das tiefe Atmen. Werden Sie dann nach und nach immer freier und lauter, und bewegen Sie sich beim Singen. Sie können z. B. herumlaufen oder auf das Sofa hinauf- und wieder hinunter-hüpfen, mit den Armen weite Schwünge durch die Luft machen oder rhythmisch tanzen. Verbinden Sie sich innerlich auch mit dem Text des Liedes, wenn Sie ihn kennen. Geben Sie der Freude die Chance, in Ihnen aufsteigen zu dürfen, ganz von alleine, ohne Anstrengung.

Sie können das übrigens auch sehr gut beim Spazierengehen oder Radfahren machen und sich darüber freuen, wie viele lächelnde Gesichter sich Ihnen auf einmal zuwenden werden. Stimmungslagen sind nämlich ansteckend. Die meisten Menschen freuen sich darüber, wenn in ihrer Nähe gesungen wird.

Eine ganz andere Art von aktivierender Wirkung können Sie mit der folgenden Übung erzielen.

Energieübung: Karate-Schrei

Die folgende Übung kann Ihnen helfen, Ihre Kraft zu spüren, Verkrampfungen zu lösen und blockierte Energie freizusetzen. Besonders geeignet ist sie für Menschen, die sich das Wütend-Werden bisher völlig verboten haben und dazu neigen, ihre Aggressionen gegen sich selbst zu richten.

Stellen Sie sich aufrecht hin auf einen stabilen Untergrund. Bitte tragen Sie dabei ganz flache Schuhe ohne Absätze oder rutschfeste Socken. Die Füße stehen parallel und etwa schulterbreit auseinander, die Wirbelsäule ist locker aufgerichtet, der Blick fest und entschlossen.

Schließen Sie beide Hände zu Fäusten, indem Sie zuerst Ihre Finger einrollen und dann den Daumen abgeknickt über die Finger legen (Achtung: Bitte nicht den Daumen nach vorne strecken, sonst verletzen Sie sich selbst, wenn Sie irgendwo draufschlagen mit dieser Faust).

Legen Sie jetzt beide Fäuste rechts und links an Ihre Taille, sodass die Handinnenfläche nach oben zeigt.

Stoßen Sie Ihre rechte Faust gerade nach vorne und drehen Sie erst ganz am Ende der Bewegung die Hand, sodass die Handinnenfläche jetzt nach unten zeigt. Achten Sie dabei darauf, Ihre Schultern gerade zu lassen und sich nicht zu verdrehen. Stellen Sie sich vor, den Solarplexus eines imaginierten Gegners zu treffen, der genau vor Ihnen steht, d. h., die Faust sollte in Bauchhöhe vor Ihrer Körpermitte zum Stehen kommen.

Schieben Sie jetzt Ihre linke Faust genauso vor (Drehung nach unten erst am Bewegungsende) und ziehen Sie gleichzeitig die rechte Faust schwungvoll zurück zur Taille (drehen Sie dabei wieder die Hand, sodass die Faust an der Taille mit der Handinnenfläche nach oben zu liegen kommt).

Dann wieder Schlag rechts und gleichzeitig schwungvoll zurückziehen links. Immer abwechselnd.

Diese Bewegung heißt im Karate »Oi-Zuki« (gerader Fauststoß). Wichtig ist, die Arme während der Bewegungsphase locker zu lassen und erst am Ende der Bewegung beide Arme und den Bauch gleichzeitig anzuspannen, sodass der Fauststoß Kraft bekommt.

Wenn Sie den Bewegungsablauf verstanden haben, geben Sie etwas mehr Kraft in die Bewegung und *atmen Sie jedes Mal dabei kräftig aus*, wenn Sie die eine Faust nach vorne stoßen und gleichzeitig die andere zurückziehen zur Taille. Beobachten Sie, wie viel mehr Kraft Sie sofort haben, wenn Sie die Bewegung mit dem Ausatmen verbinden.

Wenn Sie den Eindruck haben, dass Sie einen flüssigen und kraftvollen Bewegungsablauf gefunden haben, können Sie die Energie noch einmal deutlich erhöhen, indem Sie dem Fauststoß einen »Kampfschrei« hinzufügen. Stellen Sie sich vor, dass Sie alle Ihre Energie in den Fauststoß konzentrieren und mit einem hellen, klaren, aus dem Bauch kommenden, kraftvollen Schrei (z. B. »II-AAAA«) die Energie punktgenau freisetzen.

Sie können das in einem rhythmischen Bewegungsablauf üben: vier Mal Fauststoß ohne Schrei, rechts – links – rechts – links, dann zum Abschluss einmal richtig kraftvoll rechts mit Schrei.

Wenn Sie einen Übungspartner haben, stellen Sie sich einander gegenüber (in ausreichender Entfernung, um nicht getroffen zu werden von der Faust, also etwas mehr als Armlänge, bitte vorher ausprobieren) und üben abwechselnd. Sie können auch ein stabiles Kissen vor sich halten, auf das der andere mit der Faust draufschlagen kann (aber bitte nur, wenn Sie sich selbst ausreichend kraftvoll fühlen, um den Schlag unbeschadet abfangen zu können!). *Lachen oder lächeln Sie nicht bei dieser Übung!* Sehen Sie Ihr Gegenüber entschlossen an und bleiben Sie ernst. Es geht hier darum,

einen bedrohlichen Gegner mit einem einzigen Schlag kampf-
unfähig zu machen. Lassen Sie sich überraschen von dem Energieschub des Schreis, den Sie ganz deutlich spüren werden.

Wichtiger Tipp: Der passive Partner sollte unbedingt auch ausatmen, wenn der aktive Partner den Fauststoß macht, um mit
der Energie umgehen zu können, die ihm da entgegenkommt!

Was ist, wenn die innere und die äußere Anspannung nicht im Einklang sind?

Was ist, wenn Sie beim Lesen der Symptome für Hoch- und für
Niedrigspannung festgestellt haben: *Das trifft ja auf mich beides zu,
wie kann das sein?*

Innere Hochspannung bei äußerer Kraftlosigkeit. Tatsächlich kommt
es öfter vor, dass die innere und die äußere Anspannung eines
Menschen nicht übereinstimmen. Falls Sie z. B. unter Depressionen
leiden, kann es sein, dass Sie innerlich dauernd unter Hochspannung
stehen (nicht schlafen können, sich selbst unter Druck setzen, innere
Unruhe usw.), dabei gleichzeitig nach außen hin aber total sanft,
schlaff, mutlos und kraftlos wirken. Das hängt oft damit zusammen,
dass diese Menschen sich selbst innerlich schachmatt setzen. Die
intensive Unruhe-Energie, der Ärger und die Aggressionen oder
auch die Lebendigkeit ganz allgemein werden innen gehalten und
unterdrückt. Den Ausdruck dieser Gefühle nach außen verbieten sie
sich (z. B. aus Angst, damit anzuecken oder jemandem zur Last zu
fallen). Oft kommt die sogenannte »gelernte Hilflosigkeit« dazu,
d. h., diese Menschen haben gelernt, gar nichts mehr zu tun, weil sie
denken, dass es sowieso nichts nützt (z. B. sich zu wehren bei Un-
gerechtigkeit).

»Nach außen bin ich stark, aber innen drin sieht es anders aus.«
Umgekehrt lernte ich in der Reha-Klinik, in der ich viele Jahre
arbeitete, aber auch oft Menschen kennen, bei denen es genau
andersherum ist: Sie fallen auf den ersten Blick dadurch auf, dass
sie nach außen hin sehr aktiv und durchsetzungsfähig wirken, an
allem und jedem etwas auszusetzen haben, sehr fordernd auftreten
und ständig mit Therapeuten und Mitpatienten in heftige Auseinan-

dersetzungen geraten. Wenn man mit diesen Menschen dann aber einmal ganz in Ruhe spricht und ihnen zuhört, zeigt sich oft, dass ganz dicht unter der betriebsamen und angriffslustigen Fassade eine tiefe Traurigkeit und Verzweiflung liegt, und dass dieser Mensch sich eigentlich ganz klein, schwach, erschöpft und hilflos fühlt. Mit ihren wirklichen Gefühlen bleiben diese Menschen meist alleine.

Eine »Fassade« wird aufgebaut. Das Grundmuster ist also in beiden Fällen dasselbe: Die wahren Gefühle »innen drin« werden unterdrückt und mit einem nach außen gezeigten »akzeptablen« Verhalten überdeckt. Das kann daran liegen, dass diese Gefühle »verboten« sind (z. B.: »Wütend werden darf man nicht«), dass der Mensch nicht weiß, wie er mit ihnen umgehen soll (»Mit Traurigkeit komme ich nicht klar, die lasse ich lieber gar nicht erst zu«), oder dass er seinem sozialen Umfeld nicht zutraut, mit ihnen wertschätzend umzugehen (»Schwäche zeigen geht gar nicht, das nutzen die nur aus und würgen mir erst recht eine rein«).

Außen und innen in Einklang bringen. Falls Sie feststellen, dass bei Ihnen die äußere »Fassade« und die innen drin tatsächlich vorhandene Anspannung sehr weit auseinanderliegen, dann möchte ich Ihnen folgenden Vorschlag machen: Nehmen Sie sich die Zeit, einmal in Ruhe genau zu spüren, was innen ist (z. B. Wut, Traurigkeit oder Erschöpfung), und probieren Sie dann den dazu passenden Körperausdruck *in einem geschützten Rahmen* aus. Sie könnten sich z. B. vor den Spiegel stellen, eine aufrechte Körperhaltung einnehmen, ein böses Gesicht machen und laut und deutlich sagen: »Ich bin sauwütend auf dich, das stinkt mir total, was du da gemacht hast!« Oder Sie könnten einem Menschen, dem Sie vertrauen und von dem Sie wissen, dass er Ihnen wohlgesonnen ist, einmal ganz ehrlich erzählen, wie erschöpft oder traurig Sie sind, und ihn auch Ihre Tränen und Ihre Schwäche sehen lassen.

Beobachten Sie, was sich dadurch in Ihnen verändert, dass Sie die äußere und die innere Spannung in Gleichklang bringen. Möglicherweise werden Sie feststellen, dass Sie auf einmal wieder das Gefühl bekommen, *Sie selbst* zu sein und sich selbst zu spüren.

Wichtig dabei ist jedoch, die sozialen Auswirkungen zu bedenken, die eintreten, wenn Sie auf einmal offen und ehrlich zeigen, was Sie empfinden. Wie werden die Menschen um Sie herum darauf reagieren? Möglicherweise brauchen Sie erst einmal einen *geschützten Rahmen*, in dem Sie Außen und Innen in Einklang bringen und neue Verhaltensweisen entwickeln und erproben können, ohne sofort negative Sanktionen befürchten zu müssen. Das könnte z. B. das Gespräch mit einer vertrauenswürdigen Person sein, eine neue Freundschaft mit jemandem, der anders ist als Ihr bisheriges Umfeld, eine Selbsthilfegruppe oder auch das Üben allein zuhause vor dem Spiegel oder mit Hauskatze oder Teddybär als Publikum.

9 Körperhaltung

Der Körper ist der Übersetzer der Seele ins Sichtbare.
Christian Morgenstern

Eng verknüpft mit dem Erleben von Anspannung und Entspannung ist das Einnehmen einer bestimmten Körperhaltung. Wenn Sie z. B. einfach dastehen oder -sitzen wie gewohnt: Ist Ihre Haltung dann aufrecht? Entspannt? Nehmen Sie viel Raum ein oder machen Sie sich klein und eng? Hängen Sie schlapp in den Seilen? Sind Sie steif wie ein Stock? Haben Ihr Bauch und Brustkorb Platz zum freien und tiefen Atmen?

Wenn Sie einmal Menschen im Alltag beobachten, werden Sie feststellen, dass diese häufig viel mehr Energie verbrauchen als nötig, weil sie Muskeln anspannen, die für eine Bewegung eigentlich gar nicht gebraucht werden, oder weil sie sehr anstrengende und ungünstige Körperhaltungen einnehmen. Beobachten Sie z. B. einmal den Unterschied zwischen einem Rock- und einem Jazzschlagzeuger. Schlagzeuger, die Rock- oder Popmusik spielen, machen oft sehr große, ausladende Bewegungen bei jedem Schlag. Das wirkt energiegeladen und unterstützt die Bühnenshow. Ein guter Jazzschlagzeuger hingegen kann sich das gar nicht leisten. Er spielt ganz viele schnelle und komplizierte Rhythmen und das könnte er gar nicht, wenn er bei jedem Schlag seine ganzen Arme einen Meter weit hochheben würde. Er sitzt aufrecht, entspannt und zentriert mit Pokerface da, bewegt die Arme nur so viel wie nötig und macht dabei mit seinen Händen derart schnelle, filigrane Bewegungen, dass man als Normalmensch kaum so schnell sehen kann wie der spielt. Das ist höchst effektiver Energieeinsatz, mit beeindruckendem Ergebnis.

Im Feldenkrais, in der Alexandertechnik, aber auch im Taijiquan und Qigong wird intensiv daran gearbeitet, eine günstige Körperhaltung zu entwickeln, die tiefes, ungehindertes Atmen sowie freie und mühelose Bewegungen ermöglicht und dabei möglichst wenig überflüssige Energie verbraucht. Auch in den Kampfkünsten ist das ein ganz zentraler Punkt, denn nur ein entspannter Muskel kann sich schnell bewegen, und nur bei gut zentrierter Körperhaltung wird eine effektive Kraftentfaltung möglich.

Eine Korrektur der Körperhaltung erfordert Zeit

Für eine nachhaltige Verbesserung der eigenen Körperhaltung ist längerfristiges Ausprobieren und Üben notwendig, das geht nicht auf die Schnelle. Da Sie Ihre eigene Körperhaltung von außen selbst nicht sehen können (auch ein Spiegel hilft da nur bedingt weiter), ist es kaum möglich, diesen Weg alleine ohne Anleitung zu gehen, Sie brauchen unbedingt die Korrektur durch einen erfahrenen Lehrer.

Anton z. B. hat seit vielen Jahren die Angewohnheit, immer leicht nach vorne geneigt zu stehen. Diese Haltung ist objektiv gesehen ungünstig, weil sie von seinen Muskeln sehr viel unnötige Haltearbeit erfordert. Wenn er länger steht oder etwas arbeitet, bekommt er deshalb schnell Rückenschmerzen. Er selbst empfindet diese Haltung aber als ganz normal und gerade. Als er damit beginnt, Qigong zu üben, schlägt ihm sein Lehrer vor, den ganzen Oberkörper etwas zurückzunehmen und das Kinn leicht zurückzuziehen und sagt dann: »So wäre es gerade und aufrecht«. Das ist aber für Anton sehr ungewohnt. In dieser Haltung hat er sofort das Gefühl: »Hilfe, ich kippe gleich nach hinten.«

Übung

Kleines Experiment zur aufrechten Körperhaltung
Sie können das selbst einmal ausprobieren: Stellen Sie sich an eine Wand oder in einen Türrahmen, und zwar so, dass Ihre Fersen, Ihr Gesäß, Ihre Schulterblätter und Ihr Hinterkopf die Wand bzw. den Türrahmen berühren. Haben Sie jetzt das Gefühl, normal und gerade zu stehen? Oder haben Sie den Eindruck: »Das geht doch gar nicht« oder: »Ich bin zurückgelehnt« oder: »Ich falle gleich nach vorn«?

Eine Korrektur der Körperhaltung verursacht in der Regel immer erst einmal ein unbehagliches Gefühl, da sie uns aus dem gewohnten Haltungsmuster herausführt. Das gewohnte Muster ist uns vertraut und kommt uns normal und bequem vor. Daher ist gerade beim Verändern der Körperhaltung das Fingerspitzengefühl des Lehrers in besonderem Maße gefordert: hilfreiche Bilder zu finden für das anzustrebende Ziel, nicht zu viel auf einmal korrigieren zu wollen, und passende Übungen zur Hilfestellung zu geben. Viele Menschen haben unangenehme Erinnerungen an frühere »Korrekturen« (wenn z. B. der Vater immer sagte »Reiß dich mal zusammen, fläz nicht so herum, Schultern zurück und Bauch rein!«), die nicht als hilfreich empfunden wurden.

Gefragt ist daher eine sehr behutsame Anleitung, die dabei unterstützt, den eigenen Körper den Weg zu einer neuen Haltung (z. B. einer gut balancierten, entspannten Aufrichtung) und zur Auflösung der bisherigen Schutzhaltungen finden zu lassen und die neue Haltung auch innerlich zu füllen (z. B. mit dem Bewusstsein »Ich darf groß sein und Raum einnehmen«).

Stabiler Stand und gute Bodenhaftung

Um sich entspannt und natürlich bewegen zu können, ist es von grundlegender Wichtigkeit, eine gute »Bodenhaftung« oder »Verwurzelung im Boden« zu haben. Nur aus einem stabilen Stand heraus können Leichtigkeit und freie Beweglichkeit entstehen. Diese Fähigkeit ist auch zentral für ein selbstbewusstes Auftreten gegenüber anderen Menschen, das eine ruhige, gelassene Souveränität ausstrahlt.

Übung

Verbinden Sie sich mit dem Boden unter Ihnen

Bitte stellen Sie sich entspannt und aufrecht hin, die Füße stehen etwa schulterbreit auseinander, die Außenkanten der Füße sind parallel. Lassen Sie die Arme einfach locker neben dem Körper hängen und entspannen Sie Nacken und Schultern. Auch das Gesicht darf sich mit einem Lächeln entspannen, wenn Sie mögen. Lokalisieren Sie jetzt an jedem Ihrer Füße folgende vier Punkte:

(1) Außenkante vorne (= Grundgelenk des kleinen Zehs)
(2) Außenkante hinten (= Außenseite der Ferse)
(3) Innenkante hinten (= Innenseite der Ferse)
(4) Innenkante vorne (= Großzehengrundgelenk).

Bringen Sie jetzt Ihr Körpergewicht über Punkt 1 des rechten Fußes und beschreiben Sie mit Ihrem Körperschwerpunkt kleine Kreise über diesem Punkt. Stellen Sie sich dabei vor, in diesen Punkt hineinzusinken und den Punkt sanft kreisend zu massieren mit Ihrem Gewicht. Kreisen Sie so ca. zehn bis fünfzehn Mal und gehen Sie dann über zu Punkt 2, dann zu Punkt 3 und 4. Lassen Sie sich Zeit dabei und genießen Sie jeden einzelnen Punkt. Danach ist der linke Fuß an der Reihe in genau derselben Weise.

Wenn Sie auf diese Weise intensiven Kontakt mit dem Boden aufgenommen haben, verlagern Sie Ihr Gewicht wieder in die Mitte, sodass es sich gleichmäßig auf den rechten und linken Fuß sowie nach vorne und hinten verteilt.

Stellen Sie sich jetzt vor, Ihre Füße wären wie zwei große Saugnäpfe, die sich am Boden richtig schön festsaugen. Dann stellen Sie sich vor, Ihr ganzer Körper wäre ein Buntstift, der bis an die Decke reicht. Lassen Sie Ihren Körper etwas steif werden und malen Sie mit diesem »Stift« kleine Kreise an die Decke über sich, gut verankert durch die Saugnäpfe an Ihren Füßen. Beginnen Sie langsam mit ganz kleinen Kreisen, und lassen Sie die Kreise dann nach und nach immer größer werden, sodass beim »Malen« Ihre Fußsohlen kreisförmig rundherum durchmassiert werden. Lassen Sie die Kreise dann langsam wieder kleiner werden, bis sie in der Mitte wieder ganz zum Stillstand kommen.

Finden Sie wieder einen guten, stabilen Stand in der Mitte, und spüren Sie noch ein paar Minuten lang nach, wie es sich jetzt anfühlt im Vergleich zu vorher. In welcher Weise haben sich Ihr Körperempfinden und Ihr Bodenkontakt verändert?

Körperhaltung und innere Haltung

Wahrscheinlich kennen Sie das: Sie sehen von Weitem eine Frau die Straße heraufkommen und obwohl sie noch viel zu weit entfernt ist, als dass Sie ihr Gesicht erkennen könnten, wissen Sie sofort, wer sie ist. Sie haben sie an ihrer Körperhaltung und -bewegung erkannt. Und sicher ist Ihnen auch schon einmal aufgefallen, dass Sie sich ein Bild von anderen Menschen machen, indem Sie deren Körpersprache interpretieren: Der eine tritt sehr selbstbewusst und dominant auf, der andere wirkt zurückhaltend und ängstlich, und all das prägt Ihren ersten Eindruck von diesem Menschen, noch bevor Sie mit ihm auch nur ein einziges Wort gewechselt haben.

Kürzlich sprach ich mit einer Frau, die über einen langen Zeitraum von ihrem Lebenspartner schwer misshandelt worden war. Auch vorher schon war sie immer wieder an Männer geraten, die sie schlecht behandelten. Bereits als Kind hatte sie miterlebt, wie der

Vater die Mutter verprügelte und bedrohte. Sie erzählte mir, vor vielen Jahren habe ihr einmal jemand gesagt, man erkenne sie beim Spazierengehen im Park immer schon von Weitem an ihrer geduckten Körperhaltung. Tatsächlich war auch mir sofort, als ich sie zum ersten Mal sah, ihre extrem eingeschüchtert und defensiv wirkende Körpersprache aufgefallen, noch bevor sie mir von den vielen Situationen erzählte, in denen sie sich von anderen Menschen ausnutzen lässt, ohne sich wirksam wehren zu können.

Selbstverteidigung durch Körpersprache

In einer Studie wurden Sexualstraftäter befragt, wie sie ihre Opfer aussuchen. Ihnen wurden Videoaufnahmen von Frauen gezeigt, die einen Gang entlanggehen. Sie konnten auf Anhieb ganz eindeutig sagen, welche Frau sie als »geeignetes Opfer« einstufen würden, einfach nur anhand der Körpersprache. Menschen, die in skrupelloser Weise Macht über andere ausüben möchten, sind in der Regel sehr geübt darin, anhand der Körpersprache einzuschätzen, ob ihr Gegenüber Angst und Hilflosigkeit zeigt oder auch ein zu draufgängerisches Verhalten, was ihn oder sie zu einem leichten Opfer macht. Selbstverteidigung beginnt daher nicht damit, dass man einen Karate-Kurs belegt oder Pfefferspray in der Handtasche mit sich herumträgt. Selbstverteidigung beginnt schon weit im Vorfeld einer möglichen Gefahrensituation mit dem Einnehmen einer selbstbewussten und stabilen inneren und äußeren Haltung sowie einer angemessenen (nicht überängstlichen) Aufmerksamkeit für Gefahrensignale.

Vermutlich haben Sie das auch schon oft beobachtet: Die innere Haltung und Gefühlslage drücken sich in der Körperhaltung aus. Ein selbstsicherer und mit sich selbst völlig zufriedener Mensch steht meist wesentlich breitbeiniger und aufrechter da als einer, der sich gerade sehr ängstlich und unsicher fühlt. Menschen, die unter starker Schüchternheit und Unsicherheit im Umgang mit anderen Menschen leiden, nehmen manchmal auch gewohnheitsmäßig eine Körperhaltung ein, die verschlossen und abweisend wirkt, ohne sich dessen bewusst zu sein.

Umgekehrt wirkt aber auch die Körperhaltung auf die innere Haltung zurück. Die eigene Körperhaltung bewusst zu verändern, kann deshalb dabei helfen, die eigene Gefühlslage und den Zugang zu den eigenen Kompetenzen zu verbessern. Um das zu veranschaulichen, möchte ich Sie bitten, sich ein paar Minuten Zeit für die folgende Übung zu nehmen, die von dem Arzt und Psychotherapeuten Martin Bohus entwickelt wurde, und sich einmal überraschen zu lassen von den ganz erstaunlichen Effekten, die sie bewirkt.

Übung

»Das größte anzunehmende Ekel« (nach Martin Bohus)
Schritt (1): Bitte setzen Sie sich auf einen Stuhl. Stellen Sie Ihre Füße auf die Zehenballen und nehmen Sie die Knie zusammen. Lassen Sie Ihren Oberkörper zusammensinken, sodass Ihr Rücken rund und der Brustkorb eng wird. Verschränken Sie die Arme und lassen Sie den Kopf hängen. Machen Sie ein trauriges Gesicht. Sorgen Sie dafür, dass sich Ihre Körperhaltung möglichst unbequem und verkrampft anfühlt, und schließen Sie die Augen.

Schritt (2): Bleiben Sie in dieser Haltung und stellen Sie sich jetzt vor Ihrem inneren Auge »das größte anzunehmende Ekel« vor: einen wirklich unsympathischen Menschen, der Sie z. B. vor Kurzem einmal ungerecht behandelt oder ausgeschimpft hat oder den Sie einfach ganz und gar schrecklich finden. Spüren Sie, wie es sich anfühlt, diesem Menschen zu begegnen, und wo in Ihrem Körper Sie das spüren.

Schritt (3): Lassen Sie die Augen zu und behalten Sie das Bild des »größten anzunehmenden Ekels« vor Ihrem inneren Auge. Nun verändern Sie Ihre Körperhaltung: Stellen Sie beide Füße breitbeinig und mit der ganzen Fußsohle stabil auf den Boden. Richten Sie Ihren Oberkörper von den Hüften aus auf und heben Sie das Kinn ein wenig an. Heben Sie Ihre Schultern zuerst etwas an und ziehen Sie sie dann nach hinten unten, sodass das Brustbein etwas nach vorne kommt und der Brustkorb weit wird, und stemmen Sie die Hände in die Seiten. Nehmen Sie eine entspann-

---

te, aber sehr aufrechte, offene und selbstbewusste Körperhaltung ein. Nun beobachten Sie einmal, was mit dem inneren Bild des »größten anzunehmenden Ekels« geschieht. Wie verändert sich das Bild vor Ihrem inneren Auge? Verändert es seine Größe? Wie bedrohlich wirkt es noch im Vergleich zu vorher? Und wie fühlt es sich jetzt an, diesem Menschen zu begegnen?

Schritt (4): Fügen Sie jetzt Ihrer veränderten Körperhaltung noch ein Lächeln hinzu (falls sich dieses nicht schon ganz von selbst eingestellt hat). Was verändert sich dadurch? Welche Sätze kommen Ihnen jetzt in den Sinn, die Sie zu dieser Person sagen könnten?

»Facial Feedback« und »Body Feedback«. Der amerikanische Psychologe Paul Ekman (2003) konnte in zahlreichen wissenschaftlichen Experimenten nachweisen, dass Gefühle willentlich und gezielt erzeugt werden können, indem man den dazu passenden Gesichtsausdruck einnimmt (»Facial Feedback«). Dies hatte er sozusagen zufällig entdeckt, als er eine Methode (das »Facial Action Coding System«) entwickelte, um Gesichtsbewegungen ganz genau zu katalogisieren (z. B. welche Muskeln beteiligt sind, wenn man ein wütendes Gesicht macht). Dabei hatte er festgestellt, dass er regelmäßig starke Gefühle erlebte, wenn er bestimmte Muskelgruppen im Gesicht aktivierte. In Folgestudien anderer Forschergruppen zeigte sich, dass dieser Effekt sogar dann funktioniert, wenn ein Mensch gar nicht weiß, dass es um Gefühle geht: Wenn eine Versuchsperson sich Cartoons anschaut und dabei auf einen Stift zwischen den Zähnen beißt (was die »Lachmuskeln« im Gesicht aktiviert), stuft sie hinterher den Cartoon als deutlich lustiger ein als eine Versuchsperson ohne Stift zwischen den Zähnen.

Entsprechende Experimente gibt es auch zum sogenannten »Body Feedback«, also zur Rückwirkung der Körperhaltung auf das innere Erleben: Versuchspersonen, die aufgrund von Anweisungen des Versuchsleiters eine Zeit lang in einer gekrümmten Körperhaltung verharren mussten (was im inneren Erleben Themen wie Depression und Mutlosigkeit aktiviert), geben direkt danach bei frustrierenden

Aufgaben viel schneller auf und reagieren mit weniger Stolz auf ein Lob als Versuchspersonen, die aufrecht dasitzen.

In den 1980er Jahren entwickelte die Neurophysiologin Susana Bloch (1986) auf der Basis solcher Forschungsergebnisse zusammen mit dem Regisseur Pedro Ortheus eine Methode zur Ausbildung von Schauspielschülern. Diese lernten, mit Hilfe von Atemübungen und durch das Herstellen einer bestimmten Mimik und Körperhaltung ganz gezielt bestimmte Emotionen nicht nur herzustellen, sondern auch wieder aus ihnen herauszutreten. **Zugang zu den eigenen Ressourcen erlangen.** Auch in der Psychotherapie werden diese Erkenntnisse inzwischen von vielen Therapeuten systematisch genutzt. Reden alleine ist zuweilen wenig wirkungsvoll, solange der Patient in seinen gewohnten Mustern verhaftet bleibt. Eine gezielte Veränderung der Körperkoordination kann hilfreich sein, um auf neue Ideen zu kommen und Zugang zu den eigenen Ressourcen zu finden.

Die im Folgenden beschriebene Übung gibt es in unterschiedlichen Varianten. Der Arzt und Psychotherapeut Gunther Schmidt (Schmidt & Müller-Kalthoff, 2014) bezeichnet dieses Vorgehen im Rahmen der von ihm begründeten hypnosystemischen Therapie als »Problem-Lösungs-Gymnastik«. Diese Bezeichnung gefällt mir besonders gut, weil sie so schön bodenständig ist. In anderen Therapierichtungen (z. B. bei Peter Levine oder Maggie Phillips) wird ein ganz ähnliches Vorgehen als »Pendeln« bezeichnet. Bei dieser Übung ist es hilfreich, nicht in erster Linie den logischen, bewussten Verstand zu benutzen, sondern sich einfach den Bildern und Einfällen, die ganz wie von selbst »aus dem Inneren heraus« entstehen, zu überlassen. Dabei entstehen oft sehr kreative, manchmal auch skurrile oder humorvolle neue Lösungsideen.

> **Übung**
>
> **»Problem-Lösungs-Gymnastik« (nach Gunther Schmidt)**
> Sie stehen vor einem Problem, bei dem Sie nicht weiterkommen. Sie haben den Eindruck, in einer bestimmten Situation keinen Zugang zu den Fähigkeiten zu haben, die Ihnen sonst zur Ver-

fügung stehen. Es fällt Ihnen einfach nichts ein, was helfen könnte, was Sie sagen oder tun könnten. Sie fühlen sich hilflos und überfordert. Probieren Sie dann doch einmal die folgende Übung aus. Ich beschreibe sie am Beispiel der Musikerin Benita, die starkes Lampenfieber hat vor ihrem ersten Auftritt als Konzertmeisterin bei einem Orchesterkonzert.

Falls Sie momentan unter sehr schwerwiegenden Problemen leiden und sich deshalb in psychotherapeutischer Behandlung befinden, können Sie auch Ihren Therapeuten bitten, diese oder eine ähnliche Übung mit Ihnen zu machen. Möglicherweise ist es für Sie alleine zu schwierig, jedoch mit etwas Anleitung und Hilfestellung werden Sie erstaunt sein, wie viel Spaß diese Übung Ihnen machen kann, und wie viele ungewöhnliche neue Ideen Sie dabei entwickeln werden.

Schritt (1): Stellen Sie körperlich dar, wie Sie sich in der Problemsituation fühlen. Nehmen Sie die Körperhaltung ein, die dazu passt. Vergegenwärtigen Sie sich genau, wie diese Haltung aussieht und wie Sie sich körperlich und seelisch dabei fühlen. Spüren Sie genau hinein, wo in Ihrem Körper Sie dieses Gefühl spüren. (Benita setzt sich ganz klein und zusammengesunken auf einen Stuhl, lässt den Kopf hängen, verschränkt die Arme, zieht die Schultern verkrampft hoch, kreuzt die Beine und spürt einen Knoten im Hals und ein Kältegefühl im Bauch.) Formulieren Sie dann einen typischen Satz zu dieser Körperhaltung. (Benita sagt: »Ich bin unfähig und unbegabt, ich werde nie erfolgreich sein«). Geben Sie dieser Körperhaltung auch einen Namen, den Sie als stimmig empfinden. (Benita nennt es »das Gefängnis-Gefühl«.)

Schritt (2): Stehen Sie kurz auf, gehen Sie ein paar Schritte durch den Raum und schütteln Sie das Gefühl mit ein paar Lockerungsbewegungen von sich ab. Erinnern Sie sich nun an eine Situation in Ihrem Leben, in der Sie sich ganz stark, selbstbewusst, souverän und zufrieden gefühlt haben. Vielleicht ein Urlaub, ein Erfolgserlebnis oder eine Situation, in der Sie etwas besonders Schönes erlebten. Vergegenwärtigen Sie sich das Gefühl, das Sie damals hatten, und stellen Sie es körperlich dar.

Nehmen Sie die Haltung ein, die zu diesem Gefühl passen würde. (Benita erinnert sich an einen Urlaub in der Karibik vor einigen Jahren, in dem sie sehr glücklich war, aufregende Dinge erlebte und ganz sie selbst sein konnte. Sie nimmt eine aufrechte Haltung im Stehen ein, mit freiem Brustkorb, weit ausgebreiteten Armen und stolz aufgerichtetem Kopf.) Genießen Sie diese Haltung und spüren Sie genau, wo in Ihrem Körper Sie am deutlichsten dieses starke, freie Gefühl spüren können. (Benita spürt eine kribbelnde Lebendigkeit im Bauch und in den Armen und ein kraftvolles Gefühl in den Beinen.) Formulieren Sie einen typischen Satz zu dieser Körperhaltung und geben Sie ihr einen Namen. (Benita nennt sie »das Karibik-Gefühl« oder »Sonne im Bauch« und ihr Satz ist: »Ich genieße das Abenteuer«).

Schritt (3): Schauen Sie aus dieser Haltung heraus noch einmal auf Ihr aktuelles Problem. Behalten Sie dabei die große, starke, freie Körperhaltung bei und spüren Sie hinein, was sich dadurch verändert. Welche neuen Ideen kommen Ihnen? Wie verändert sich Ihre Wahrnehmung der Situation? Welche Sätze kommen Ihnen in den Sinn, die Sie sagen könnten? Welche neue Überschrift geben Sie der ganzen Sache? (Benita entdeckt das angenehm abenteuerliche Kribbeln an der neuen Herausforderung, sich als Konzertmeisterin zu bewähren. Sie fühlt sich stark, denn sie weiß, dass sie eine gute Musikerin ist und stolz sein kann auf ihre Ernennung auf diesen neuen Posten. Sie sagt sich: »Ich genieße das Abenteuer. Ich freue mich schon auf das gute Gefühl, ganz in der Musik aufzugehen und dabei ganz ich selbst zu sein, so wie bei den Sessions damals in der Karibik.«)

Schritt (4): Gehen Sie jetzt bewusst noch einmal zu Schritt (1) zurück und nehmen Sie die anfängliche »Problem-Haltung« wieder ein. Spüren Sie den Unterschied. Pendeln Sie absichtlich mehrfach zwischen den beiden verschiedenen Körperhaltungen hin und her, wie bei einer »Problem-Lösungs-Gymnastik«. Lassen Sie sich inspirieren von den Ideen, die Ihnen dabei kommen.

Schritt (5): Wenn Sie im Alltag wieder in die Problemsituation hineinrutschen, nehmen Sie bewusst Ihre Körperhaltung wahr.

(Benita merkt bei der Generalprobe, wie klein und eng sie auf einmal dasitzt, und sagt zu sich selbst:»Hallo, Gefängnis-Gefühl, da bist du ja wieder! Aber warte nur, ich fahre jetzt mal kurz in die Karibik.« Sie tut das, indem sie sich aufrecht hinsetzt, die Arme ausbreitet, den Brustkorb weit werden lässt, ein paar Mal tief durchatmet und sich wieder mit ihrem»Karibik-Gefühl« verbindet.) Nehmen Sie sich ein paar Minuten Zeit, um bewusst ein bisschen»Problem-Lösungs-Gymnastik« zu machen und dadurch in eine andere Haltung zu kommen.

10 Liebevolle Zuwendung zum eigenen Körper entwickeln

> Sei gut zu deinem Körper,
> damit auch die Seele Lust hat, darin zu wohnen.
>
> *Theresa von Avila*

Vielleicht haben Sie beim Lesen des letzten Kapitels bemerkt, dass das Arbeiten an der eigenen Körperhaltung sehr schnell dazu führt, dass Sie mit zentralen Punkten Ihrer eigenen Lebensauffassung konfrontiert werden: Wie gehe ich durchs Leben? Aufrecht und selbstsicher? Mit »Rückgrat«? Traue ich mich, Raum einzunehmen? Oder ducke ich mich die ganze Zeit? Mache ich mich selbst klein, eng und quasi »unsichtbar«? Daraus ergibt sich dann auch schnell die Frage: Wie viel Aufmerksamkeit und liebevolle Zuwendung bringe ich meinem eigenen Körper entgegen?

Vielen Menschen fällt es leichter, sich um andere Menschen zu kümmern, während sie ihren eigenen Körper massiv vernachlässigen. Sie arbeiten zu viel, schlafen zu wenig, rauchen Zigaretten, trinken zu viel Alkohol, ernähren sich ungesund, drücken sich vor jeglicher sportlicher Betätigung und treiben ganz allgemein Raubbau mit ihrer eigenen Gesundheit. Und bei all dem beschimpfen sie ihren eigenen Körper auch noch dauernd: Der ist ihnen zu dick, hat zu große Füße oder zu kurze Beine, ist zu unbeweglich, hat zu viele Falten, zu dünne Haare oder zu viele Haare an den falschen Stellen.

Es lohnt sich deshalb, sich hin und wieder einmal mit der Frage zu beschäftigen: Wie liebevoll gehe ich denn eigentlich mit mir selbst und meinem eigenen Körper um? Lasse ich ihm ausreichend viel Fürsorge und Pflege zukommen? Oder gehe ich davon aus, dass er jederzeit »gefälligst zu funktionieren hat«?

Speziell die Männer unter Ihnen können auch einmal darüber nachdenken: Kümmere ich mich genauso gut um das Wohl meines eigenen Körpers wie um das Auto in meiner Garage? Lasse ich regelmäßig einen »Ölwechsel« und eine »allgemeine Inspektion und Wartung« machen? Oder versuche ich (um im Bild zu bleiben), mit meinem Körper über Jahre hinweg pausenlos »mit 200 Stundenkilometern über die Autobahn zu brettern«, und zwar ohne rechtzeitig Benzin und Öl nachzufüllen?

Falls Sie bisher Schwierigkeiten damit hatten, sich Ihrem eigenen Körper liebevoll zuzuwenden, können Ihnen die Übungen in diesem Kapitel möglicherweise dabei helfen, eine neue Sichtweise zu gewinnen.

Vielleicht möchten Sie auch mit einer Vertrauensperson darüber sprechen, wie Sie einen Weg finden können, sich selbst und Ihrem Körper gegenüber geduldiger und freundlicher zu werden. Machen Sie sich bewusst, welche Hindernisse dem bisher entgegenstehen, und wie Sie in Zukunft mit ihnen umgehen möchten.

Übung

Alltagsübung: Mit sich selbst sprechen wie mit einem guten Freund

Stellen Sie sich einmal vor, ein guter Freund, den Sie sehr mögen, würde zu Ihnen kommen und Ihnen erzählen: »Ich bin total erschöpft und mein Knie tut weh. Ich kann nicht mehr. Ich habe einen sehr anstrengenden Tag hinter mir und brauche dringend eine Verschnaufpause. Aber eigentlich sollte ich jetzt noch das Bad putzen (den Keller aufräumen, den Rasen mähen etc.).« Was würden Sie zu ihm sagen?

Würden Sie so etwas sagen wie:»Jetzt reiß dich zusammen, das muss doch gehen. Du hast es nicht verdient, jetzt schon wieder Pause zu machen. Was sollen die Leute denken, wenn dein Bad nicht picobello sauber ist?« Oder vielleicht doch eher: »Komm, jetzt setz dich erst mal hin und trink einen Tee. Du brauchst dringend eine Pause. Ist doch völlig egal, ob das Bad heute noch geputzt wird. Entspann dich erst mal und schnauf mal durch.«

Machen Sie sich klar, in welchen Lebensbereichen Sie die Fähigkeit, sich liebevoll und unterstützend zu verhalten, anderen

Menschen gegenüber bereits sehr gut entwickelt haben und erinnern Sie sich an Situationen, in denen Ihnen dies gut gelang. Sie können diese Fähigkeit, die Sie bereits in sich haben, auch auf sich selbst anwenden.

Wenn Sie bei sich selbst abwertende innere Selbstgespräche bemerken (wie z. B.: »Ich bin ein Trampel, so was von unsportlich, ich werde mich lächerlich machen, wenn ich anfange, laufen zu gehen«), dann stellen Sie diese bewusst ab und beginnen Sie stattdessen damit, immer häufiger im Alltag mit sich selbst und Ihrem Körper innerlich so zu sprechen, wie Sie auch mit einem guten Freund sprechen würden.

Ergänzend zur oben beschriebenen Übung möchte ich Ihnen gleich noch ein Beispiel dafür geben, wie es aussehen kann, mit dem eigenen Körper freundlich umzugehen.

Übung

Alltagsübung: »Bitte entspann' dich«
Der Hypnotherapeut Brian Alman empfiehlt bei starker Muskelanspannung folgende Übung:

▶ **Schritt (1):** Legen Sie die Hand auf den schmerzenden Körperteil und sagen Sie mehrmals zu ihm »Bitte entspann' dich«, sprechen Sie das richtig laut und deutlich aus.

▶ **Schritt (2):** Legen Sie die Hand auf den schmerzenden Körperteil und sagen Sie mehrmals zu ihm »Bitte entspann' dich«, aber sagen Sie das nur noch innerlich in Gedanken.

Üben Sie Schritt (1) und (2) jeweils drei Tage lang und gehen Sie dann erst zu Schritt (3) über:

▶ **Schritt (3):** Richten Sie nur noch die Aufmerksamkeit auf den Körperteil, statt ihn mit der Hand zu berühren, und sagen Sie innerlich zu ihm »Bitte entspann' dich«.

Machen Sie diese Übung im Alltag, so oft Sie daran denken und es Ihnen guttut.

Streicheln statt kratzen. Vielleicht haben Sie in Ihrem Alltagsleben auch schon einmal beobachtet, dass Sie dazu neigten, ungeduldig mit sich selbst und Ihrem Körper umzugehen, sobald Schwierigkeiten oder unangenehme Empfindungen auftauchten. Vor vielen Jahren ging es mir einmal so, als mich eine Zeit lang eine Hauterkrankung plagte, die mit Hautausschlägen und starkem Juckreiz einherging. Juckreiz ist in mancher Hinsicht ähnlich wie chronische Schmerzen: Wenn er über Wochen und Monate anhält, kann das sehr demoralisierend sein. Manchmal lag ich nachts wach und hatte das Gefühl, fast durchzudrehen bei dem Versuch, mich selbst vom Kratzen abzuhalten. Eines Tages erzählte mir eine Freundin, sie habe folgenden Tipp bekommen:»Streicheln statt Kratzen«. Ich war skeptisch, probierte es dann aber aus und stellte fest: Das macht ja tatsächlich einen Unterschied! Kratzen bekommt schnell etwas Zwanghaftes und Selbstzerstörerisches und es verschlimmert natürlich massiv den Hautausschlag, sodass man leicht in einen unheilvollen Teufelskreis hineingeraten kann. Sich selbst stattdessen zu streicheln und beruhigend auf sich selbst einzuwirken (wie eine Mutter ein schreiendes Kind beruhigen würde), hat einen völlig anderen Charakter. Probieren Sie es gerne bei Gelegenheit selbst einmal aus. Noch heute, viele Jahre später, bemerke ich manchmal, dass bei einem völlig harmlosen Juckreiz (z. B. wegen eines Mückenstichs) ein ganz unverhältnismäßiges inneres Panikgefühl in mir aufkommt, was mir dann wieder Gelegenheit gibt, mich an diesen einfachen, aber überraschend wirksamen Tipp zu erinnern.

Übung

Alltagsübung: Fußmassage

Wann haben Sie zuletzt Ihren Füßen Zuwendung zukommen lassen? Unsere Füße machen ganz schön was mit den Tag über – sie tragen brav unser ganzes Gewicht, laufen kilometerweit über Betonboden oder werden in schicke Schuhe hineingezwängt. Umso mehr haben sie am Abend ein bisschen liebevolle Fürsorge verdient. Vielleicht möchten Sie diese Idee in Ihre alltägliche Körperpflegeroutine mit aufnehmen? Sie könnten z. B. Ihre Füße

---

abends mit einem kurzen Fußbad und einer anschließenden Massage verwöhnen. Wenn Sie Ihre Füße massieren möchten, nehmen Sie sich ein paar Minuten Zeit und setzen Sie sich bequem hin (z. B. auf Ihr Bett oder einen weichen Teppich). Nehmen Sie ein bisschen angenehm duftendes Öl (etwa ein Massageöl mit Arnika, oder ein Körperöl mit Sanddorn oder Wildrosenextrakt), verreiben Sie es zwischen Ihren Händen und reiben Sie dann zunächst einen Fuß damit ein. Nehmen Sie den Fuß in die Hand und kreisen Sie zuerst ein bisschen mit dem Sprunggelenk in beide Richtungen. Fassen Sie die einzelnen Zehen und wackeln Sie mit Ihnen. Massieren Sie dann den Fuß kräftig und wohltuend mit Ihren Daumen und Fingern. Sie können z. B. zuerst den Fußrücken ausstreichen, dann die einzelnen Zehen und Zehenzwischenräume bearbeiten. Besonders sorgfältig sollten Sie die gesamten Fußsohlen durchkneten. Das tut dem ganzen Organismus wohl, da sich hier viele Akupressur- und Reflexzonenpunkte befinden. Sie können die Massage auch auf den ganzen Unterschenkel ausdehnen, von der Achillessehne aus beginnend Ihre Wadenmuskeln massieren, und den Muskel, der auf der Vorderseite am Schienbein entlang verläuft. Wenn Sie nach dieser Massage wieder aufstehen, werden Sie spüren, dass Sie völlig anders auf Ihren Füßen stehen als zuvor.

Vielleicht gibt es bei Ihnen auch noch andere Körperteile, die am Abend nach einem langen Tag ein bisschen liebevolle Pflege gebrauchen könnten. Das Gesicht? Der Nacken? Der Kopf? Die Arme? Was halten Sie davon, sie einmal selbst ganz zugewandt und ausführlich zu massieren? Warten Sie nicht darauf, bis Sie von Ihrem Partner eine (oft ersehnte, aber in der Alltagsrealität weit weniger häufig tatsächlich verabreichte) Nackenmassage bekommen. Nehmen Sie sich selbst Zeit dafür und verwenden Sie eine Lotion oder ein Öl, dessen sanfter Duft auch Ihrer Seele wohltut (unser Riechhirn ist ein entwicklungsgeschichtlich alter Teil des Gehirns und sehr eng mit unserem Gefühlsleben verbunden!).

Welche Teile Ihres Körpers mögen Sie, und welche nicht?
Wenn Sie ein Bild Ihres Körpers zeichnen und alle Stellen grün anmalen würden, die Sie mögen, und alle Stellen rot anmalen würden, die Sie nicht mögen: Welche Farbe würde überwiegen?

Viele Menschen, vor allem Frauen, sind sehr kritisch mit sich selbst und sagen sich immer wieder:»Mein Bauch ist zu dick«oder»Meine Beine sind zu kurz«oder»Mein Busen ist zu klein«oder»Meine Haare sind zu dünn«. In manchen Fällen steht dahinter eine lange Geschichte von Entwertung durch wichtige Bezugspersonen (wenn z. B. die Eltern oder der langjährige Ehepartner immer wieder demütigende Bemerkungen über das Aussehen oder Gewicht gemacht haben).

Oft messen diese Menschen sich aber auch an Idealbildern aus dem Fernsehen oder aus der Werbung. Sie vergleichen sich mit Models aus Casting-Shows und kommen zu dem Ergebnis, sie seien zu dick, zu klein oder zu ungraziös. Ich möchte Ihnen vorschlagen, dieser oft schon über viele Jahre praktizierten Selbstentwertung aktiv entgegenzuwirken, indem Sie sich dafür entscheiden, die folgende Übung auszuprobieren. Falls Sie bemerken, dass diese Übung Ihnen sehr schwerfällt oder dass sie sehr starke Gefühle bei Ihnen auslöst, suchen Sie sich bitte einen Gesprächspartner, mit dem Sie vertrauensvoll darüber sprechen können.

> ### Übung
>
> **»Du gehörst zu mir, du bist ein Teil von mir«**
> Nehmen Sie sich ein paar Minuten Zeit. Wenden Sie sich dem Körperteil zu, den Sie nicht mögen (falls es da mehrere oder gar viele gibt, nehmen Sie sich diese einen nach dem anderen vor).
>
> Nehmen Sie liebevoll Kontakt auf, indem Sie Ihre Hand auf diesen Körperteil legen. Sie können ihn nur leicht berühren oder auch kräftig anfassen, streicheln oder massieren. Achten Sie darauf, dass es eine wohlwollende, liebevolle, angenehme Berührung ist.
>
> Sagen Sie dabei zu dem Körperteil:»Du gehörst zu mir, du bist ein Teil von mir«. Denken Sie es nicht nur im Kopf, sprechen Sie es richtig aus. Wenn es nicht über Ihre Lippen kommen möchte, können Sie erst noch flüstern, bis Sie sich trauen, es richtig laut auszusprechen. Sprechen Sie nicht mechanisch, sondern lassen Sie sich auch mit Ihren Gefühlen auf den Gedanken

ein:»Du gehörst zu mir, du bist ein Teil von mir«, und auf die damit verbundene Idee:»Du bist ganz in Ordnung so, wie du bist.« Wenn sich das zunächst sehr seltsam und »unglaubwürdig« anfühlt, machen Sie trotzdem damit weiter.

Sie können den Satz auch individuell variieren, z. B. zu:»Hallo Arm, du bist mein Arm, und ich mag dich.« Achten Sie dabei aber unbedingt darauf, dass die positive Grundaussage erhalten bleibt und nicht unmerklich wieder abdriftet ins gewohnte negative Schema (z. B. wäre »Hallo dicker Bauch, mir bleibt wohl nichts anderes übrig, als mich mit dir abzufinden« nicht so günstig). Vielleicht hilft es Ihnen, einen für Sie stimmigen Satz zu formulieren, wenn Sie sich vorstellen, mit diesem Körperteil so zu sprechen und ihn so liebevoll zu berühren wie eine schwangere Frau, die über ihren Bauch streicht und mit ihrem ungeborenen Kind spricht.

Bedenken Sie aber: Wenn Sie sich schon seit über zwanzig Jahren immer wieder eingeredet haben, Ihr Bauch sei zu dick, können Sie nicht erwarten, dass diese Übung sofort wirkt. Der Gedanke wird etwas Zeit brauchen, um in Ihrem Inneren Wurzeln zu schlagen und an Glaubwürdigkeit zu gewinnen. Am wirksamsten wäre es, wenn Sie die Übung jedes Mal machen, wenn Sie wieder über Ihren »zu dicken« Bauch nachdenken. Vielleicht können Sie sich erst nach und nach darauf einlassen, diesen neuen Gedanken immer ernster zu nehmen, also geben Sie sich dafür die Zeit, die Sie brauchen.

Sie können diese Übung im Alltag immer wieder machen, wann immer Sie über Ihren Körper und seine vermeintlichen »Mängel« nachdenken (wenn Leute in der Nähe sind, brauchen Sie natürlich nicht laut zu sprechen, sprechen Sie einfach in Gedanken). Oder Sie können sie kombinieren mit einer regelmäßig wiederkehrenden Alltagstätigkeit, z. B. wenn Sie sich nach dem Duschen von oben bis unten mit einer angenehm duftenden Körperlotion einreiben. So findet sie Eingang in Ihren alltäglichen Umgang mit dem eigenen Körper.

Wichtige Anmerkung

Falls Sie zu den zahlreichen Menschen gehören, die bisher ihren Körper von innen her im Alltag gar nicht spüren, sondern sich fühlen »wie ein Kopf, der den eigenen Körper nur von außen anschaut« (das bezeichnet man als Dissoziation), kann es möglich sein, dass diese Übung dazu führt, dass Sie eher noch mehr Distanz zu dem ungeliebten Körperteil einnehmen (weil Sie ihn mit »Du« und von außen ansprechen). Versuchen Sie es dann besser mit der folgenden Alternativübung.

Alternativübung bei starker Dissoziation vom eigenen Körper

Sie wenden sich dem Körperteil zu, fassen ihn liebevoll an, und konzentrieren sich darauf, diesen Körperteil jetzt nicht nur von außen, sondern auch von innen her so genau wie möglich wahrzunehmen. Dabei sagen Sie zu sich: »Ich bin in meinem (Körperteil).« Konzentrieren Sie sich darauf, den Körperteil auch von innen her zu fühlen und auszufüllen, und ihm liebevolle Zuwendung zukommen zu lassen, indem Sie die Hand darauf legen oder ihn beruhigend festhalten, drücken, massieren, sanft streicheln oder abklopfen.

Sie können beide Übungen ausprobieren und feststellen, welche sich für Sie hilfreicher und richtiger anfühlt.

Ist das nicht zu egoistisch?

Möglicherweise beschleicht Sie jetzt beim Lesen ein ungutes Gefühl: »Darf ich das denn überhaupt, mich so viel um mich selbst kümmern? Werde ich dann nicht zu egoistisch und selbstbezogen?« Viele Menschen haben Schwierigkeiten damit, sich selbst zu lieben. Oft hängt das mit der Erziehung zusammen. Viele von uns haben gelernt: »Nimm dich zurück. Du bist nicht so wichtig. Du musst immer für die anderen da sein.«

Tatsächlich ist es ein hoher kultureller Wert, sich in einer Gemeinschaft um die Schwächeren und Hilfsbedürftigen zu kümmern. In allen Kulturen und Weltreligionen wird dies für grundlegend gehalten. Der Mensch ist kein Einzelwesen, sondern immer Teil einer Gemeinschaft. Achtsamkeit bedeutet daher keineswegs, nur auf die eigenen Bedürfnisse zu achten, sondern immer auch: das Ganze im Blick zu haben! Gleichzeitig ist hier aber auch zu fragen: Ist es denn überhaupt möglich, andere Menschen wirklich zu lieben, wenn ich mich selbst nicht lieben kann?

Vielleicht ist Ihnen schon einmal aufgefallen, dass Menschen, die mit sich selbst ständig unzufrieden sind, häufig auch dazu neigen, anderen gegenüber schnell ungeduldig zu werden. Jemand, der sich selbst pausenlos unter Druck setzt, wird sehr oft diesen Druck auch nach außen weitergeben. Wenn dies auf einer rein körpersprachlichen Ebene geschieht, ohne die eigenen Erwartungen oder die Missbilligung gegenüber dem anderen offen auszusprechen, ist das diesen Menschen oft selbst gar nicht bewusst. Das Umfeld spürt dennoch deutlich den unausgesprochenen Druck, der von diesen Menschen ausgeht, und reagiert meist auch darauf.

Was Sie für Ihr Kind tun können

Wenn Sie z. B. gerne möchten, dass Ihre Kinder entspannt und zufrieden sind und mit Stressbelastungen gelassen umgehen können, dann ist das Beste, was Sie für Ihre Kinder tun können, einen Weg zu finden, wie Sie selbst entspannt, gelassen und zufrieden sein können. Studien zeigen, dass bei den Kindern gestresster Eltern ebenfalls gehäuft Stresserkrankungen auftreten. Das ist auch die Alltagserfahrung von Kinderpsychologen, die sich nicht selten die Möglichkeit wünschen, die Eltern in Behandlung zu schicken, wenn sie die Familie ihrer kleinen Patienten kennenlernen.

Umgekehrt haben Sie vielleicht auch schon Menschen kennengelernt, die offensichtlich mit sich selbst im Reinen sind, die eine entspannte Gelassenheit und Lebensfreude ausstrahlen und in deren Gegenwart sich automatisch auch die anderen Menschen entspannter, gelassener und zuversichtlicher fühlen.

In der Antrittsrede zu seiner Präsidentschaft zitierte Nelson Mandela ein Gedicht von Marianne Williamson, das mit den folgenden Zeilen endet:

»Dich selbst klein zu halten, dient nicht der Welt.
Es ist nichts Erleuchtetes daran, sich so klein zu machen,
dass andere um dich herum sich nicht unsicher fühlen.
Wir sind alle dazu bestimmt zu leuchten, wie es die Kinder tun. (…)
Und wenn wir unser Licht erscheinen lassen,
geben wir unbewusst den anderen Menschen die Erlaubnis,
dasselbe zu tun.
Wenn wir von unserer eigenen Angst befreit sind,
befreit unsere Gegenwart automatisch andere.«

Falls Sie daran zweifeln, ob sich eine liebevolle Selbstfürsorge mit dem christlichen Grundsatz der tätigen Nächstenliebe unter einen Hut bringen lässt, könnten Sie bei Gelegenheit einmal in der Bibel das Gleichnis vom barmherzigen Samariter nachlesen. In Lukas 10,27 steht dort: »Deinen Nächsten sollst du lieben *wie dich selbst.*« Ist es nicht interessant, dass in dieser in unserem Kulturkreis sehr bekannten und einflussreichen Lehrgeschichte ausdrücklich nicht nur die Liebe zu Gott und zum Nächsten, sondern auch zu sich selbst angesprochen wird?

Auch in der buddhistischen Metta-Meditation wird die Herzensqualität der liebevollen Güte gezielt geübt und kultiviert. Dabei beginnt man immer damit, *sich selbst* Metta (Pali für Freundlichkeit, liebevolle Güte, Sympathie; vergleichbar mit der Liebe einer Mutter zu ihrem Kind) entgegenzubringen, bevor man dazu übergeht, diese Qualität auf alle anderen Lebewesen auszuweiten.

Studien zeigten, dass eine mehrwöchige Praxis der Metta-Meditation (z. B. im Rahmen eines Kursprogramms) nicht nur zu stärkeren Gefühlen sozialer Verbundenheit und zu einer Verbesserung der sozialen Beziehungen, sondern auch zu einer Zunahme von Sinnerleben und positiven Emotionen und zu einer Verminderung körperlicher Beschwerden bei den Teilnehmern führten. Sich selbst zu lieben und für andere da zu sein, ist also kein Gegensatz!

Übung

Metta-Meditation
Die Metta-Meditation ist eine Form der Samatha-Meditation (Geistesruhe-Meditation), die dazu dient, die Herzensqualität der liebevollen Güte zu kultivieren. Im Gegensatz zur Acht-

samkeits-Meditation wird hier die Aufmerksamkeit auf bestimmte Sätze gerichtet, die innerlich immer wieder wiederholt werden. Diese Sätze enthalten gute Wünsche für sich selbst und alle anderen Lebewesen: Glück, Gesundheit und ein unbeschwertes Leben.

Bitte beachten Sie: Es handelt sich nicht um Autosuggestion (»Wenn ich die Sätze sage, wird es mir besser gehen«), nicht um das Stellen von Forderungen (»Das Glück hat sich jetzt gefälligst einzustellen«), nicht um ein Klagen und Seufzen (»Ach, wäre ich doch endlich glücklich«) und auch nicht darum, eine »gute Energie irgendwohin zu schicken« (»Ist sie schon angekommen, merkst du schon was?«), sondern: Ich wende mich zu und spreche gute Wünsche aus, so wie man einem Freund etwas Gutes wünschen würde (z. B. zu seinem Geburtstag oder beim Jahreswechsel). Das Ziel ist, die eigene Fähigkeit zur liebevollen Güte zu vertiefen. Diese ist übrigens eng verwandt mit der Fähigkeit zur Geduld (mit sich selbst, den anderen und der Welt).

Wenn Sie diese Meditation ernsthaft und tiefergehend praktizieren möchten, kann es sich auch lohnen, sich einen guten Lehrer zu suchen, der Sie dabei begleitet. Wenn Sie noch keine Meditationserfahrung haben, sollten Sie sich aber besser nicht gleich bei umfangreichen, mehrere Tage am Stück dauernden Retreats anmelden, sondern lieber langsam beginnen mit einer regelmäßigen Praxis, um sich nach und nach herantasten zu können.

Bitte setzen Sie sich aufrecht hin. Sie können auf einem Stuhl sitzen oder in Ihrer bevorzugten Meditationshaltung. Ihre Körperhaltung sollte dabei aufrecht, entspannt und würdevoll sein. Richten Sie zunächst kurz Ihre Aufmerksamkeit achtsam auf Ihren Körper. Sie können z. B. kurz alle Körperteile durchgehen (wie in der Körperspürübung, s. Kap. 6) und für ein bis zwei Minuten Ihren Atem beobachten. Lassen Sie sich stabil und entspannt in Ihrer Meditationshaltung nieder. Nun richten Sie sich innerlich auf die Metta-Sätze aus. Sagen Sie sich diese in Gedanken immer wieder vor. Bleiben Sie dabei wach und aufmerksam und verbinden Sie sich innerlich mit den Sätzen. Wenn Sie abgelenkt sind oder den Faden verlieren, beginnen Sie einfach immer wieder von vorne.

(1) Beginnen Sie mit der Zuwendung zu sich selbst (5–10 Minuten):

»Möge ich glücklich sein.
Möge ich gesund sein.
Möge ich unbeschwert leben.«

Wenn innere Widerstände, Ärger, Traurigkeit oder andere Gefühle auftauchen, können Sie dies einfach beobachten und zur Kenntnis nehmen. Fahren Sie dann damit fort, wieder innerlich die drei Sätze zu sprechen und sich mit deren Inhalt zu verbinden. Seien Sie geduldig mit sich selbst und machen Sie einfach weiter.

(2) Gehen Sie dann dazu über, an eine Person zu denken, bei der es Ihnen leichtfällt, ihr etwas Gutes zu wünschen. Es sollte keine zu nahestehende Person sein, weil dort oft komplexe Gefühle ins Spiel kommen. Nehmen Sie einfach jemanden, der Ihnen sympathisch ist, und wiederholen Sie 5–10 Minuten lang immer wieder die folgenden Sätze:

»Möge er/sie glücklich sein.
Möge er/sie gesund sein.
Möge er/sie unbeschwert leben.«

(3) Dann dasselbe mit einer neutralen Person, die Sie weder mögen noch nicht mögen (5–10 Minuten).

(4) Dann dasselbe mit einer Person, bei der es Ihnen schwerfällt. Denken Sie an jemanden, den Sie nicht mögen, der Ihnen etwas angetan hat oder mit dem Sie im Streit liegen. Beginnen Sie nicht gleich mit Ihrem schlimmsten Erzfeind. Sie können erst einmal jemanden nehmen, bei dem es nur ein bisschen schwierig ist. Vielleicht möchten Sie diese Kategorie auch noch einmal unterteilen und erst mit der Zeit die »richtig schweren Fälle« dazunehmen (5–10 Minuten).

(5) Zum Abschluss dehnen Sie Ihre liebevolle Zuwendung und Ihre guten Wünsche auf alle Lebewesen aus (5–10 Minuten):

»Mögen alle Lebewesen glücklich sein.
Mögen alle Lebewesen gesund sein.
Mögen alle Lebewesen unbeschwert leben.«
Schließen Sie Ihre Meditation ab mit dem Gedanken, das Gute, das durch diese Meditation heute entstanden ist, allen Lebewesen zu widmen.

11 Umgang mit chronischen Schmerzen

> Nicht müde werden,
> sondern dem Wunder
> leise
> wie einem Vogel
> die Hand hinhalten
> *Hilde Domin*

Trotz ihres sehr gepflegten Auftretens und des sorgfältig geschminkten Lächelns in ihrem Gesicht kann man Frau Bertram deutlich ansehen, wie gequält sie sich fühlt. Ihre Augen sehen traurig aus. Seit einem Bandscheibenvorfall vor einigen Jahren hat sie ständig Schmerzen, die sich vom Nacken in die Arme und in den Kopf ausbreiten, als ob sie »in einem Schraubstock stecken« würde, so beschreibt sie es. Sie fühlt sich den Schmerzen hilflos ausgeliefert, die ihrer Beschreibung nach immer da sind und auch immer gleich schlimm sind. Die ganzen Therapien (Krankengymnastik, Fango, Spritzen, Akupunktur usw.) haben ihr nicht geholfen. Ich schlage ihr vor, über einige Wochen ein Schmerztagebuch zu führen, um mehr Einblick in die Einflussfaktoren zu gewinnen. Dafür gebe ich ihr einen Vordruck mit, in dem sie mehrmals täglich ein Kreuzchen für die aktuelle Schmerzstärke machen soll, und in dem sie auch besondere Vorkommnisse notieren kann.

Drei Wochen später sehen wir uns wieder und sie berichtet, sie habe sich trotz ihrer anfänglichen Skepsis darauf eingelassen, sich mit dem Tagebuch zu beschäftigen. »Und erstaunlicherweise habe ich festgestellt, dass es tatsächlich einen Moment in der Woche gibt, wo ich viel weniger Schmerzen habe als sonst, nämlich beim Treffen mit meinen Freundinnen. Wir trinken jeden Mittwochnachmittag zusammen Kaffee und unterhalten uns. Nichts Tiefgründiges, mehr so Smalltalk und Getratsche, aber richtig lustig, wir kennen uns alle schon seit der Schulzeit. Denen muss ich nichts vorspielen, da kann ich einfach ich selbst sein.«

Auf meine Frage, in welchen Momenten sie denn eine Verstärkung der Schmerzen beobachtet habe, windet sie sich zunächst und mag sichtlich nur ungern über dieses Thema sprechen. Seit einiger Zeit ist ihr klar, dass ihr Ehemann eine neue Freundin hat, mit der er Swinger-Clubs besucht, wenn er angeblich abends wieder »Überstunden machen muss«. Er geht schon seit über 20 Jahren immer wieder fremd, und zwar vorzugsweise mit sehr jungen Frauen, die Frau Bertram als »aufgedonnerte Discomäuschen« bezeichnet. Sie hat ihm seine Eskapaden immer wieder verziehen und gehofft, dass er mit zunehmendem Alter »ruhiger« wird. Sie berichtet das alles zunächst sehr sachlich und distanziert, aber als ich sie frage, wie sie das alles denn eigentlich findet, bricht es mit Macht aus ihr heraus: »Ich bin stinkwütend! Ich habe mir die ganze Zeit eingeredet: So ist er halt, da steh ich doch längst drüber, das dauert sowieso nie lange – aber die Wahrheit ist: Ich bin so was von stinkwütend, dass ich ihn am liebsten hochkant rauswerfen würde!« Im weiteren Verlauf des Gesprächs kommt Frau Bertram, die auf einmal viel weniger damenhaft, aber auch deutlich kraftvoller und authentischer wirkt, zu der Einsicht, dass das mit dem »Vergeben und Vergessen« ihr doch schwerer fällt, als sie es sich bisher eingestehen wollte, und dass ihr Körper (in Form von erhöhter Anspannung, Schmerz und Schlaflosigkeit) ihr ganz offensichtlich das Signal gibt: »Nein, das ist nicht okay, was da passiert, das tut mir nicht gut.« In der weiteren Therapie arbeitet sie daran, die Signale ihres Körpers im Alltag mehr zu beachten und ihren eigenen Bedürfnissen mehr Raum zu geben. Für die Menschen in ihrem Umfeld wird bald spürbar, dass sie nicht mehr so »pflegeleicht« und übertrieben gutmütig ist wie bisher.

Über viele Jahre hinweg leitete ich in einer Rehaklinik Schmerzgruppen und lernte auch in Einzelgesprächen viele Menschen kennen, die unter chronischen (also über längere Zeit anhaltenden) körperlichen Schmerzen leiden. Dabei stellte ich fest, dass ich es oft mit außerordentlich leistungsfähigen und gewissenhaften Leuten zu tun hatte, die sich Tag für Tag um sehr vieles kümmern: um den Ehepartner, die Kinder, die Eltern, die Schwiegermutter, die Arbeit, den Chef, die Kollegen, den Haushalt, den Garten, den Aufbau des Eigenheims, die Landwirtschaft, die Lokalpolitik, den Verein usw., die aber im Alltag oft nicht die Zeit und Ruhe finden, sich auch einmal damit zu befassen, was ihr eigener Organismus eigentlich braucht, um sich langfristig wohlfühlen und gesund werden zu können.

Besser für sich sorgen lernen

Meiner Erfahrung nach ist es für Menschen, die unter chronischen Schmerzen leiden, oft sehr wichtig, besser für sich selbst sorgen zu lernen.

Übersicht

Besser für sich selbst sorgen kann z. B. heißen:
- genügend schlafen und sich ausgewogen ernähren
- ausreichend für körperliche Bewegung sorgen, um einseitige Alltagsbelastungen auszugleichen
- die Warnsignale des eigenen Körpers (z. B. für Erschöpfung, Ärger, Stress, Überlastung) rechtzeitig wahrnehmen und aktiv gegensteuern, bevor die Schmerzen auftreten oder schlimmer werden
- Dinge langsamer tun und/oder regelmäßig Pausen machen
- Hilfe von anderen annehmen bzw. andere um Hilfe bitten
- sich selbst liebevoller behandeln und weniger unter Druck setzen
- die eigenen Bedürfnisse wahrnehmen, ernst nehmen und anderen Menschen gegenüber auch vertreten
- das tun, was man wirklich tun will bzw. als richtig erkannt hat (und nicht das, was die anderen erwarten)

Eine Schulung der Körperwahrnehmung hilft dabei, herauszufinden, was dem eigenen Körper guttut und was nicht. Auch wenn Ärzte, Physiotherapeuten oder Yogalehrer Ihnen viele gute Tipps geben können, letztlich ist doch jeder Mensch und jeder Körper anders. Daher führt kein Weg daran vorbei, selbst herauszufinden, was dem eigenen Körper wirklich guttut und was er braucht, um gesund werden zu können.

Nützlich wäre es z. B., zu beobachten und herauszufinden:
▶ Auf welche körperlichen Signale muss ich achten, um rechtzeitig eine Pause zu machen, bevor ich mich überlaste?
▶ Welche Übungen sind im Alltag gut für meinen Körper und welche Art der Durchführung (wann, wo, wie, wie oft) hilft mir am besten?
▶ In welchen Situationen ist Ausruhen und Hinlegen hilfreich und in welchen Momenten sollte ich besser aktiv werden und mich bewegen?
▶ Welche Muskeln genau sind angespannt, wenn ich Schmerzen bekomme, und wie kann ich sie am wirksamsten wieder lockern?
▶ Welche Körperhaltung ist günstig und welche ist ungünstig und mit welchen Maßnahmen kann ich sie im Alltag immer wieder korrigieren?
▶ Welche Stimmungslagen (etwa Traurigkeit, Einsamkeit, Ärger, Wut, Langeweile, Frustration, Erschöpfung) haben Einfluss auf meine Schmerzen und was kann ich selbst tun, um meine Stimmungslage wirksam zu beeinflussen?

Wissen über den eigenen Körper ist hilfreich

Bei dieser individuellen»Forschungsarbeit« ist übrigens auch Wissen über den menschlichen Körper sehr hilfreich. Je mehr Sie darüber wissen, wie Ihr Körper funktioniert, desto genauer können Sie beim Auftreten von Schmerzen bestimmen, was da los ist und was Sie selbst tun können, um sich Erleichterung zu verschaffen.

Zögern Sie nicht, Ihre behandelnden Ärzte oder Physiotherapeuten alles zu fragen, was Sie wissen möchten, oder auch mal ein Anatomiebuch zur Hand zu nehmen. Auch im Internet gibt es mittlerweile fachlich sehr gute Seiten zu medizinischen Themen. Hier sollten Sie darauf achten, mehrere Quellen zu vergleichen, um beurteilen zu können, welche Seiten einen seriösen Eindruck machen.

Nützliches Wissen über den eigenen Körper

► Wo verlaufen welche Muskeln, Sehnen und Bänder und für was sind sie zuständig?

► Wo sind welche Gelenke und welche Bewegungen können sie machen?

► Wo verlaufen die Nervenbahnen (z. B. in welcher Höhe der Wirbelsäule tritt der Nerv aus, der für das Kribbeln in meinem Zeigefinger verantwortlich ist)?

► Welche Muskelketten haben sich verkrampft, wenn ich einen bestimmten Schmerz spüre?

► Woran erkenne ich eine akute Entzündung und was ist dann zu tun?

Akuter Schmerz. Stellen Sie sich z. B. vor, Sie spüren auf einmal einen Schmerz im Bein. Falls es sich um einen akuten Warnsignal-Schmerz handelt (»Achtung, nicht belasten, sonst geht etwas kaputt«), z. B. wenn Sie sich bei einem Unfall das Bein verstaucht oder gebrochen haben, ist es wichtig, das Bein zu schonen und umgehend einen Arzt aufzusuchen. Ein Schmerz im Bein kann aber auch durch eine einfache Muskelverkrampfung im Bein oder im Rücken verursacht werden. Dann wären eher Dehnungsübungen, Bewegung an der frischen Luft, Gymnastik oder eine Massage hilfreich.

Chronischer Schmerz. Bei chronischen (also über länger als drei Monate anhaltenden) Schmerzen ist in der Regel keine solche akute Warnfunktion mehr gegeben. Hier ist übermäßige körperliche Schonung fast immer schädlich und verschlimmert das Problem. Chronifizierte Schmerzen können durch Veränderungen in der Schmerzverarbeitung im zentralen Nervensystem (also im Gehirn und Rückenmark) aufrechterhalten werden (das ist das sog. Schmerzgedächtnis) und können sich auf diese Weise von der ursprünglichen Ursache (z. B. einer Verletzung im Kniegelenk) völlig verselbstständigen. Dabei sind verschiedene Neurotransmitter (also Botenstoffe zwischen den Nervenzellen) beteiligt. Aus diesem Grund werden in der Schmerztherapie oft auch zentral wirksame Medikamente wie Opioide oder Antidepressiva eingesetzt, die auf diese Transmittersysteme wirken.

Angst und Hilflosigkeit vermindern. Gerade bei chronischen Schmerzen hat eine Veränderung der Ursachenzuschreibung oft einen ganz deutlichen Einfluss auf die Stärke der Schmerzwahrnehmung. Wenn Sie z. B. erkennen, dass dieses Stechen im Brustkorb kein Hinweis auf einen gefährlichen Herzinfarkt ist, sondern nur eine völlig harmlose Verspannung der Rückenmuskeln, wirkt die Schmerzempfindung gleich viel weniger bedrohlich. Ein Schmerz, vor dem wir Angst haben, fühlt sich ganz anders an als ein »Wohlweh« wie z. B. bei einer kräftigen Massage (»Das tut weh, aber es tut auch gut«). Generell werden Schmerzen als wesentlich schlimmer empfunden, wenn man sich ihnen hilflos ausgeliefert fühlt.

Sehr eindrücklich blieb mir in Erinnerung, wie ich einmal in einer Taijiquan-Stunde mit den Teilnehmerinnen die Beweglichkeit des Hüftgelenks übte (intensive Drehbewegungen im Hüftgelenk braucht man im Taijiquan bei fast jeder Bewegung). Eine Teilnehmerin sagte, das dürfe sie nicht machen. Auf meine Frage, warum denn nicht, erzählte sie, sie habe mehr als ein Jahr zuvor einen Bandscheibenvorfall gehabt. Nach der Operation habe der Physiotherapeut zu ihr gesagt, sie dürfe keine Drehbewegungen machen. Im weiteren Gespräch wurde klar, dass sie den Therapeuten offensichtlich missverstanden hatte. Dieser hatte sie darauf hingewiesen, dass in der ersten Zeit nach der Operation keine Drehbewegungen im Bereich der unteren Wirbelsäule gemacht werden dürfen, bis die Wunde verheilt und die umgebende Muskulatur und das Bindegewebe wieder gefestigt sind. Sie hatte das aber so verstanden, dass sie nie mehr Drehbewegungen machen dürfe, und zwar in allen Gelenken von den Knien bis zum Hals. Sie war der Überzeugung, sie müsse jetzt für immer »sein wie Beton« und dürfe ihren Oberkörper nicht mehr locker bewegen. Eine solche Überzeugung ist das sicherste Rezept dafür, sich total zu verkrampfen und die Rückenschmerzen dauerhaft zu behalten.

Solche Missverständnisse sind leider gar nicht selten und führen manchmal dazu, dass die betroffene Person vor lauter Angst gar nicht mehr in der Lage ist, herauszufinden, welche Bewegungen ihr tatsächlich guttun würden. Daher sollten Sie sich bei jeder Art langanhaltender körperlicher Beschwerden unbedingt aktiv darum bemühen, Ihr Wissen über Ihren eigenen Körper zu vertiefen, und sich mit Ihrem Arzt oder Physiotherapeuten darüber unterhalten, was Sie selbst tun können, um die Schmerzen zu lindern.

Das Schmerzmittel Bewegung

Viele wissenschaftliche Studien haben gezeigt, dass bei chronischem Schmerz Bewegungstherapie und Psychotherapie die wirksamsten Therapiemaßnahmen sind. Schmerzmittel oder andere Medikamente (etwa Cortison, Immunmodulatoren, Antidepressiva) einzunehmen ist zwar in manchen Fällen vorübergehend notwendig und sinnvoll, aber eine langfristig wirksame Therapiestrategie sollte bei chronischen Schmerzen unbedingt immer auch eine nachhaltige Veränderung des eigenen Alltags- und Bewegungsverhaltens zum Ziel haben. Wenn Sie dies bisher für »unmöglich« oder »überflüssig« halten, dann könnte es sinnvoll sein, diese Einstellung noch einmal in Ruhe zu überdenken. Sport und Bewegung, regelmäßige Erholungspausen und erfreuliche Ausgleichsaktivitäten sind kein überflüssiger Luxus, sondern gerade bei einer hohen Arbeitsbelastung im Alltag unabdingbar notwendig für die Erhaltung der eigenen Gesundheit und Lebensqualität.

Bewegung ist ein sehr wirksames Schmerzmittel. Durch Bewegung werden nicht nur die Muskeln, Sehnen und Bänder gestärkt, die Gelenke beweglich gehalten und einer Osteoporose entgegengewirkt, sondern auch hormonelle Prozesse in Gang gesetzt, die zu einer Neuregulation des ganzen Organismus führen, das Herz-Kreislauf- und Immunsystem stärken sowie die Stimmungslage verbessern und Depressionen und Ängsten entgegenwirken.

Menschen mit chronischen Schmerzen neigen oft dazu, das Auftreten von Schmerzen zum Anlass für eine »Sportpause« zu machen, die sich dann zeitlich immer weiter ausdehnt. Dadurch können sie leicht in einen Teufelskreis von Schmerz, Bewegungsmangel, Konditionsabbau, Hilflosigkeit, Depression und Zukunftsangst geraten. Es ist daher von entscheidender Wichtigkeit, den eigenen Körper »wieder in Betrieb zu nehmen« und schrittweise (u. U. auch unter zunächst vorübergehend erhöhter Schmerzmedikation) wieder ein individuell angepasstes Bewegungsprogramm aufzubauen. Sehr hilfreich ist dabei die professionelle Beratung durch einen Sportarzt, Diplomsportlehrer oder Bewegungstherapeuten: Wie baue ich ein sinnvolles Training richtig auf, wie oft und wie lange sollte ich trainieren, was sollte ich dabei beachten? usw. Wenn Sie die ersten Hürden (»innerer Schweinehund«) erst einmal überwunden haben, werden Sie schon bald wieder spüren können, wie gut Ihnen die regelmäßige Bewegung tut, und dass sie Ihnen gefehlt hat.

Versuchen Sie, möglichst eine Form der Bewegung zu finden, die Ihnen nicht nur körperlich guttut, sondern auch Freude macht, damit Sie langfristig dabeibleiben können. Wenn Sie z. B. Rückengymnastik ganz furchtbar finden, dann suchen Sie sich etwas, das Ihnen mehr Spaß macht: Vielleicht schwimmen Sie gerne oder machen gerne Nordic Walking mit ein paar guten Freunden zusammen? Sie sollten sich unbedingt darauf einstellen, auch nach Besserung der Beschwerden langfristig ein regelmäßiges Bewegungsprogramm beizubehalten und in Ihren normalen Alltag zu integrieren (sonst tauchen die Schmerzen nämlich erfahrungsgemäß auch schnell wieder auf). Sich selbst zu motivieren gelingt oft leichter, wenn man sich einer Sportgruppe mit festen Terminen anschließt, wo man nette Leute trifft und vermisst wird, wenn man nicht erscheint. Wenn Sie sich mit anderen zusammentun, können Sie sich auch gegenseitig unterstützen bei kleinen »Durchhängern«.

Übung

Die Wohlfühlbewegung finden
(Rückengymnastik einmal ganz anders)

Wenn Sie nach einem anstrengenden langen Tag (oder einer ungemütlichen Nacht) unter Rückenschmerzen leiden, können Sie bei Gelegenheit mal statt Ihrer gewohnten Rückengymnastik Folgendes versuchen:

Sorgen Sie dafür, dass Sie für eine Weile ungestört sind und sich in einem angenehmen, gemütlichen Raum aufhalten. Sie sollten sich mindestens 20 Minuten Zeit nehmen für diese Übung, um sich in Ruhe einlassen zu können, ohne Zeitdruck.

Sorgen Sie dafür, dass es warm ist im Raum, aber auch gut gelüftet, sodass Sie sich wohlfühlen und mit Genuss tief durchatmen können. Es sollte da möglichst eine warme, angenehme Unterlage geben (z. B. einen Wollteppich). Legen Sie sanfte, ruhige Musik auf, die Sie gerne mögen. Sie sollte einen ruhigen, angenehmen Fluss haben, aber auch etwas Lebendiges, das gute Stimmung anregt – also keine Entspannungs-CD zum Einschlafen, aber auch keine schnelle, hektische oder aufpeitschende Musik. Gut eignet sich z. B. klassische Harfenmusik.

Stellen Sie sich aufrecht und entspannt hin, lassen Sie die Musik auf sich wirken und beobachten Sie, wie Ihr Körper beginnt, sich zu der Musik sanft und langsam zu bewegen. Sie brauchen es nicht mit dem Verstand zu steuern. Lassen Sie einfach Ihren Körper seine Wohlfühlbewegungen finden, wie ein wohltuender Tanz mit sich selbst. Sie können sich dabei inspirieren lassen von Bewegungen, die Sie in der Rückenschule, im Yoga, Taiji, Qigong oder woanders kennengelernt haben, und diese in die Bewegung einfließen lassen, wenn Sie spüren, dass das jetzt passt und angenehm ist. Sie können einzelne Körperteile sich bewegen lassen, auch neue Bewegungen entstehen lassen, die Sie so in dieser Form noch gar nie gemacht haben. Die Bewegungen können ganz klein und sanft sein, von außen kaum sichtbar, oder auch geschmeidig fließend und kraftvoll. Lassen Sie die Bewegung einfach von selbst entstehen, so wie es sich jetzt in diesem Moment angenehm, wohltuend und heilsam anfühlt. Sie können sich dabei auch eine Wasserschlange vorstellen, die sich geschmeidig durchs Wasser schlängelt, so als ob Ihr ganzer Körper aus einer langen Wirbelsäule bestehen würde, die ganz beweglich ist nach allen Richtungen, und sich vom Wasser bewegen lassen.

Lassen Sie Ihren Körper bestimmen, wie er sich bewegen möchte, erzwingen Sie nichts. Wenn Ihr Körper sich gar nicht bewegen, sondern nur ausruhen möchte, dann legen Sie sich auf den warmen, weichen Teppich und stellen sich in Ihrer Fantasie die angenehmen, fließenden Bewegungen vor, die Ihrem Körper guttun werden, sobald er sich darauf einlassen kann. Lassen Sie Ihrem Körper Zeit, vielleicht wird er nach und nach damit beginnen, diesen Vorstellungen zu folgen und ganz sanfte, kleine, sich dehnende Wellenbewegungen finden, die ihm guttun und die nach und nach größer und lebendiger werden können.

Wenn Sie spüren, dass es genug ist, können Sie am Ende der Übung die Bewegung ausklingen lassen, indem Sie sich einfach hinlegen und noch ein bisschen nachspüren.

Körperliche und psychische Faktoren bei chronischem Schmerz

Wenn körperliche Schmerzen über lange Zeit hinweg anhalten oder immer wiederkommen (das bezeichnet man als »chronisch«), dann kann dies ganz konkrete, vom Arzt feststellbare körperliche Ursachen haben, z. B. einen mechanischen Schaden an einem Gelenk oder eine Entzündung im Gewebe. Es kann aber auch psychische Ursachen haben, wie innere Anspannung, Sorgen, Ängste, Depressionen, berufliche oder familiäre Stressbelastungen oder auch unverarbeitete Traumata.

Komplexe Wechselwirkungen. Körper und Psyche beeinflussen sich gegenseitig. Dies ist inzwischen recht gut erforscht im Rahmen der sogenannten Psychoneuroimmunologie, die sich mit den vielfältigen Wechselwirkungen zwischen Nerven-, Immun- und Hormonsystem befasst. Schmerzwahrnehmung findet immer im Gehirn statt (vgl. Kap. 1) und ist daher ein komplexes Geschehen, an dem verschiedene Regelkreise von Gehirnstrukturen und Neurotransmittern (z. B. körpereigene Opioide, Cannabinoide, Serotonin und Glutamat) beteiligt sind. Je länger ein Schmerz chronifiziert, desto schwieriger ist es deshalb in der Regel auseinanderzuhalten, welchen Anteil körperliche und psychische Ursachen jeweils haben. Fast immer wirken im Lauf der Zeit beide Aspekte mehr oder weniger stark zusammen.

Körper und Psyche wirken zusammen – beim Schmerz aber auch bei der Heilung. Ich möchte Ihnen dafür ein Beispiel geben: Vor einigen Jahren hatte ich plötzlich einen stechenden, punktförmig lokalisierbaren Schmerz im Brustkorb, der mir das Atmen schwermachte und der sich innerhalb weniger Sekunden ins Unerträgliche steigerte, sobald ich mich auf den Rücken legte. Was die genaue Ursache dieses Schmerzes war, kann ich nicht sagen. Meine Hausärztin vermutete eine Blockierung in einem Facettengelenk (das sind kleine Gelenke an der Wirbelsäule), und möglicherweise spielten dabei auch beruflicher Stress und innere Anspannung eine Rolle oder eine zu schwungvolle Drehbewegung beim Sport. Manuelle Therapie und eine osteopathische Behandlung halfen mir innerhalb weniger Tage, den Schmerz ganz deutlich zu lindern, er verschwand jedoch in den folgenden Monaten nie ganz. Die Methoden, die mir sonst immer zuverlässig geholfen hatten bei gelegentlich auftretenden Rückenschmerzen (Qigong, Dehnungs- und Entspannungsübungen), brachten diesmal keinen nachhaltigen Erfolg. Es war kein starker Schmerz mehr, aber er lauerte sicher ein ganzes Jahr lang ständig im Hintergrund und nach einiger Zeit bemerkte ich, dass dies begann, mich zunehmend zu demoralisieren. Ich konnte bei mir selbst Gedankengänge beobachten, wie sie mir oft von Schmerzpatienten berichtet werden: »Vielleicht geht das nie mehr weg. Vielleicht muss ich jetzt für immer damit leben. Und ich kann gar nichts dagegen tun.« Eines Tages nach einem langen Arbeitstag in der Klinik saß ich im Zug, der Schmerz war wieder deutlich stärker zu spüren und ich fühlte mich erschöpft und jämmerlich. So konnte das nicht weitergehen. Ich hörte also in mich hinein, was eigentlich mit mir los ist, und stellte fest: »Mir fehlt Lebensfreude! Ich habe in letzter Zeit zu viel Stress und zu wenig Spaß.« Ich fragte mich, wie ich denn wieder mehr Freude in mein Leben bringen könnte, und ein paar Tage später kam mir die Idee: Es wäre schön, wieder einmal zu singen (was ich 20 Jahre lang nicht mehr getan hatte). Ich besorgte mir also ein paar Liederbücher, machte erste noch ziemlich schüchterne Versuche allein zuhause, traute mich in den folgenden Wochen dann auch, in einen Chor einzutreten, und bemerkte, dass mir das richtig guttat. Ich merkte jedoch auch, dass meine Stimme noch »feststeckte« und ich nicht mehr so unbefangen und kräftig lossingen konnte wie früher als Kind. Ich ging also zu einer Gesangslehrerin und bat sie, mir dabei zu helfen, meine Stimme wieder zu lösen – und sie war einfach wunderbar! Sie hatte sofort an meiner Körperhaltung gesehen, dass da im Brustkorb etwas eingeengt und verkrampft war, und half mir, mich wieder aufzurichten, meinen

Brustkorb zu lösen und einfach loszusingen (und ja, es darf Krach machen und die Nachbarn dürfen es hören – ganz egal!). Nach der zweiten Gesangsstunde hatte ich nicht nur sehr viel Spaß am Singen erlebt, sondern auch (was ich gar nicht bewusst angestrebt hatte) mein persönlich wirksames Gegenmittel gegen diesen Schmerz gefunden. Einfach aufrecht hinstellen, das Herz öffnen und aus vollster Seele ein paar Minuten lang singen. Als ich einige Zeit später meiner Hausärztin davon erzählte, schaute sie mich verdutzt an und sagte: »Eigentlich wissen wir Ärzte ja, dass so etwas hilft. Aber man denkt gar nicht daran, den Leuten das zu empfehlen!«

Was genau hatte mir denn da geholfen?

(1) Mich von meiner Intuition auf einen neuen Weg führen zu lassen.
Ich hatte mich aus der fruchtlosen Wiederholung meiner bisherigen Lösungsversuche befreit (die nach dem Motto abliefen: »Wenn das Qigong nicht hilft, dann heißt das, dass du nicht genug übst und noch mehr davon machen müsstest«) und meiner »inneren Stimme« vertraut, die mir sagte, was mir fehlt und was ich brauche. Auch ohne dass mein bewusster Verstand einen Zusammenhang mit den Schmerzen hergestellt hatte, war da dieses ganz klare und eindeutige innere Gefühl »das ist stimmig, das passt so für mich«, das man bekommt, wenn man sich die Zeit nimmt, die eigenen körperlichen Signale (die sog. somatischen Marker, vgl. Kap. 2, »Entscheidungen treffen können – wofür wir die Körperwahrnehmung sonst noch brauchen«) wahrzunehmen. Im Focusing wird dieses klare innere Empfinden als »felt sense« bezeichnet.

(2) Der funktionelle Aspekt (Korrektur der Körperhaltung und der muskulären Fehlbelastung). Aufgrund meiner (impliziten, mir nicht bewussten!) Idee »Ich muss mich entspannen, wenn ich Schmerzen habe« war offensichtlich meine Körperhaltung im Bereich der Brustwirbelsäule immer mehr in sich zusammengesunken. Hilfreich war aber am Ende nicht das Entspannen, sondern die Aufrichtung und Straffung der Körperhaltung, das Öffnen des Brustkorbs und die Dehnung des verkrampften Muskels im Rücken durch das Herunterziehen der Schulterblätter nach hinten unten. Beim Singen wurde mir dies auf eine

ganz natürliche Weise erfahrbar. Theoretisch hätte ich das natürlich auch beim Qigong-Üben herausfinden können, aber da
waren offenbar die Scheuklappen im Weg, die wir manchmal
aufhaben, wenn wir ein und dieselbe Sache schon sehr lange
praktizieren.

(3) Die innere Erlaubnis zur Lebensfreude. Die Lebendigkeit und
innere Freude, die beim Singen ganz von selbst entstand und
die dem Erleben von Gestresstsein und Erschöpfung entgegenwirkte, half mir, wieder »aufzutanken« und zu den Alltagsbelastungen eine andere innere Haltung zu finden. Innere Haltung
und äußere (Körper-)Haltung hängen oft eng zusammen und
beeinflussen sich gegenseitig (Kap. 9).

Aufgrund dieser und vieler ähnlicher Erfahrungen, die mir von
Schmerzpatienten berichtet wurden, möchte ich Sie ermutigen:
Finden Sie sich nicht ab mit Gedanken wie »Da kann man nichts
machen, das muss ich halt aushalten.« Trauen Sie sich, einmal in aller
Ruhe ganz ehrlich in sich selbst hineinzuhören und »aus dem Herzen
heraus« zu erspüren, was es wirklich ist, das Ihnen fehlt, und was Sie
brauchen, um sich wohlzufühlen und ein gutes Leben zu führen.
Niemand sonst kann Ihnen sagen, was das ist. Vielleicht ist es etwas,
das auf den ersten Blick niemand mit Ihren Schmerzen in Verbindung bringen würde. Auch wenn das nicht sofort dazu führt, dass
alle Schmerzen weggehen: Es gibt immer Dinge, die man selbst tun
kann, um die eigene Lebensqualität zu verbessern. Der Weg dahin
führt über die Wahrnehmung und das Ernstnehmen der eigenen
Bedürfnisse, und die spüren wir in unserem Körper.

Hilfreiche Übungswege. Ergänzend möchte ich Ihnen noch einmal
ans Herz legen, sich mit den in diesem Buch vorgestellten Meditations- und Achtsamkeitsübungen zu beschäftigen. Wenn es Ihnen
gelingt, innerlich nicht mehr »gegen den Schmerz anzukämpfen«,
sondern ihn in der Meditation achtsam und unvoreingenommen
wahrzunehmen, gewinnen Sie mit der Zeit eine innere Freiheit, die es
Ihnen ermöglicht, völlig neue Wege zum Umgang mit Ihren Schmerzen zu finden. Wenn Sie sich dafür interessieren, ist es empfehlenswert, sich einen guten Meditationslehrer zu suchen, der Ihnen dazu
weitere Hinweise geben kann.

Atemübungen sind bei Schmerzen ebenfalls oft sehr hilfreich (z. B. durch den Schmerz hindurch zu atmen oder in ihn hinein zu atmen in unterschiedlichen Variationen). Auch Selbsthypnosetechniken, bei denen man mit Hilfe der eigenen Fantasie wohltuende innere Bilder entwickelt, können sehr gute Wirkungen entfalten (für Buchempfehlungen zum Thema chronische Schmerzen s. Anhang).

Schmerz und Traumata

Ein weiterer wichtiger Aspekt, wenn man sich mit chronischen Schmerzen beschäftigt, ist die körperliche Verankerung von Traumata, also vergangenen Erlebnissen, die der betroffene Mensch als äußerst erschreckend, lebensbedrohlich und mit dem normalen Alltagsverstand nicht erfassbar erlebt hat.

In Schmerzkliniken trifft man erfahrungsgemäß überdurchschnittlich häufig auf Menschen, die von solchen Traumata berichten: Kriegserlebnisse, schwere Misshandlungen oder sexueller Missbrauch in der Kindheit, Vergewaltigung, fortgesetzte Folter (z. B. in einem Lager, Gefängnis oder sonstiger Gefangenschaft), schwere Unfälle mit lebensbedrohlichen Verletzungen etc. Solche Erfahrungen können dazu führen, dass Erinnerungen daran in einer Art »Körpergedächtnis« abgespeichert werden. Durch anscheinend harmlose Auslösereize (wie z. B. einen bestimmten Geruch, eine Berührung, den Anblick eines Kleidungsstücks oder den Klang einer Stimme) können dann massive körperliche Symptome wieder ausgelöst werden, mit panischer Angst, Herzklopfen, Zittern, Schwitzen, unerträglichem Schmerz, Übelkeit und Erbrechen usw. (»Körper-Flashbacks«).

Auswirkung schwerer Traumata auf die Schmerzverarbeitung im zentralen Nervensystem
In neurobiologischen Studien konnte mit Hilfe von bildgebenden Verfahren (wie etwa der funktionellen Kernspin-Tomografie des Gehirns) gezeigt werden (Nilges & Traue, 2007), dass negative Gefühle von Zurückweisung, Verlust oder sozialer Ausgrenzung im Gehirn im Wesentlichen dieselben neuronalen Erregungsmuster hervorrufen wie ein körperlicher Schmerz, dass

dabei also dieselben Areale und Regelkreise beteiligt sind. Besonders schwere psychobiologische Veränderungen sind bei Menschen zu finden, die einer Kombination von körperlicher Verletzung und psychischem Terror ausgesetzt wurden (z. B. bei einem Foltertrauma oder bei langjährigem sexuellem Missbrauch). Diese Menschen leiden sehr häufig noch lange Zeit nach der Heilung der körperlichen Verletzungen unter erheblichen Schmerzzuständen.

Aber auch weniger dramatische Symptome (z. B. eine Daueranspannung im Alltag, Schlaflosigkeit und Überreiztheit, eine Neigung zu vielfältigen körperlichen Beschwerden oder auch ein chronischer innerer »Alarmzustand« mit der Folge von Muskelverhärtungen, Erschöpfung und Beeinträchtigung des Immunsystems) können damit in Zusammenhang stehen, dass im Inneren die Nachwirkungen ängstigender oder unangenehmer zwischenmenschlicher Erlebnisse weiterarbeiten. Dabei muss es sich nicht unbedingt um hochdramatische und lebensbedrohliche Ereignisse handeln, auch auf die Seite geschobener Kummer (z. B. nach schweren Enttäuschungen oder Verlusterlebnissen) kann diesen Effekt haben.

Wenn Sie den Eindruck haben, dass dies bei Ihnen der Fall sein könnte, finden Sie es vielleicht hilfreich, sich einen Menschen zu suchen, mit dem Sie darüber vertrauensvoll sprechen können und ggf. auch psychotherapeutische Unterstützung anzunehmen. Dabei ist es nicht in jedem Fall notwendig und sinnvoll, die vergangenen Traumata oder Verletzungen noch einmal im Einzelnen durchzuarbeiten. Wenn Sie sich im Hier und Jetzt fragen »Was fehlt mir wirklich? Was brauche ich, um mich wohlzufühlen in meinem Körper?« und eine gute Lösung dafür finden, Ihrem Organismus (also Körper, Seele und Geist) das zu geben, was er jetzt braucht, kann dies u. U. völlig ausreichend sein, um eine nachhaltige Linderung der körperlichen Beschwerden zu erreichen.

Falls Sie sich von diesen Überlegungen zum Nachdenken angeregt fühlen und sich gerne damit noch tiefergehend beschäftigen möchten, finden Sie im Anhang einige Literaturtipps zum Thema Schmerz.

12 Sexualität

Alle Dinge haben im Rücken das Weibliche
und vor sich das Männliche.
Wenn Männliches und Weibliches sich verbinden,
erlangen alle Dinge Einklang.

Laozi, Daodejing

Herr Montabaur ist ein attraktiver Mann: intelligent, sympathisch, in einem interessanten und finanziell einträglichen Beruf tätig, schlank und recht gutaussehend. Zudem sensibel, einfühlsam und ein guter Zuhörer. Er kommt zur Sexualtherapie, weil er sich sehr unsicher fühlt und große Schwierigkeiten damit hat, die Sexualität mit seiner Partnerin zu genießen. Nach einigen Gesprächen kristallisiert sich heraus, dass er im Grunde vor allem den Wunsch hat, ganz langsam und in Ruhe Zärtlichkeit zu genießen. Seine eigene Leidenschaftlichkeit (die er durchaus auch besitzt) auszuleben, vermeidet er bisher, weil er Aggressivität generell ablehnt. Er hat schon bemerkt, dass seine Partnerin sich mehr Leidenschaft von ihm wünscht, aber damit fühlt er sich gar nicht wohl. Sein Vater hat früher seine Mutter sehr schlecht behandelt und so will er nie werden. Er idealisiert Frauen als eine Art »höhere Wesen« und findet, dass sie beschützt werden müssen (so wie seine Mutter). Nun hat er sich jedoch seit einigen Jahren mit einer Frau zusammengetan, die ganz andere Wünsche an eine sexuelle Begegnung hat als er. Er berichtet über seine Partnerin, sie sei eine attraktive und erfolgreiche Geschäftsfrau, stehe immer unter Strom und habe für Nähe und Zärtlichkeit gar nichts übrig. Sexualität wolle sie grundsätzlich »immer nur hart und schnell«, sonst bekomme sie Kopfschmerzen. Sie verlange von sich selbst und von ihrem Partner, im Alltag immer zu funktionieren, ohne Rücksicht auf körperliche Krankheiten oder Beschwerden. Eigentlich wolle sie auch »gar keine richtige Beziehung«, weil sie schlechte Erfahrungen gemacht habe. Die genauen Wünsche, Bedürfnisse und Beweggründe seiner Partnerin bleiben leider weitgehend im Dunkeln, denn sie ist nicht bereit, mit ihm darüber zu sprechen oder ihn zu einem Paargespräch zu begleiten. Was hat das alles nun mit Körperwahrnehmung zu tun? Bei einer sexuellen Begegnung geht es um Körperwahrnehmung hoch zwei: den eigenen Körper zu spüren, aber auch den des Partners bzw. der Partnerin. Also einerseits: Mag ich meinen eigenen Körper? Nehme ich ihn genussvoll wahr? Spüre und wertschätze ich meine eigenen körperlichen Bedürfnisse in ihrer ganzen Bandbreite, also vom sanften Kuschelbedürfnis, warme Haut zu spüren und sich geborgen zu fühlen, bis hin zur Freude an leidenschaftlicher Ekstase und heftiger körperlicher Verausgabung? Manchen Menschen fällt das schwer. Sie kritisieren dauernd an ihrem eigenen Körper herum, finden ihn zu dick, zu schlaff, zu unbeweglich usw. Manche Menschen vermeiden auch bestimmte Erfahrungen aufgrund von Ängsten oder moralischen Bewertungen, wie z. B.: »Wenn ich mich gehenlasse, könnte ich unattraktiv aussehen dabei«, »Den Körper des anderen benutzen für die eigene Lust ist egoistisch«, »Oralsex ist schmutzig, das macht eine anständige Frau nicht« oder »Zärtlich sein ist nichts für echte Männer«. Und andererseits: Erlaube ich mir, mich dem Körper meines Partners oder meiner Partnerin liebevoll, zärtlich und leidenschaftlich zuzuwenden? Ihn wirklich zu spüren und intensiv wahrzunehmen und auch die ganzen damit verbundenen Gefühle zu erleben?

Wenn Menschen es vermeiden, beim Sex eine wirkliche Begegnung von Mensch zu Mensch zuzulassen, kann das an Ängsten liegen (z. B. »Wenn mir jemand so nahe kommt, könnte ich verletzt werden«) oder auch daran, dass sie sehr festgelegte Ansichten darüber haben, wie eine sexuelle Begegnung abzulaufen hat (z. B. was dazugehört und was nicht, wie schnell oder langsam das Ganze zu gehen hat oder dass ein »ordentlicher Geschlechtsverkehr« in einer bestimmten Weise abzulaufen und mit dem Orgasmus zu enden hat). Das kann dazu führen, dass Leistungsdruck und Versagensängste aufkommen.

Erotische Erlebnisfähigkeit

Wenn Sie einmal die Erinnerung an Ihre eigenen bisherigen erotischen und sexuellen Erlebnisse durchgehen, werden Sie vermutlich feststellen, dass Sie sich an ein paar denkwürdige Momente erinnern, in denen Sie ganz und gar »mit Haut und Haar« auf erotische Erlebnisfähigkeit eingestellt waren: Sie waren mit Ihrer ganzen Aufmerksamkeit, allen Sinnen und allen Gedanken voll dabei. Beim Blick in die Augen des geliebten Menschen spürten Sie Schauer über Ihren Rücken strömen. Etwas so einfaches wie eine Fußmassage oder ein gemeinsames Essen wurde zum unvergesslichen erotischen Höhepunkt. Jede Berührung war eine Sensation. Sie fühlten sich tief verbunden und erfüllt. Möglicherweise hatten Sie sogar den Eindruck, in diesem Moment eine tiefgreifende spirituelle Erfahrung zu machen, die über die Grenzen Ihres eigenen Ichs hinausreichte.

Sie werden sich wahrscheinlich aber auch erinnern an einige andere Momente, in denen Sie sich auf eine sexuelle Begegnung nicht so rückhaltlos einlassen konnten. Sie haben sicher in Fernsehkomödien oder Filmen, z. B. von Woody Allen, schon einmal solche Szenen gesehen, wo äußerlich eigentlich alles stimmt, und doch ahnt man von Anfang an, dass hier gleich etwas schiefgehen wird: Sie hat die schicke neue Reizwäsche an, er hat zu einem guten Essen eingeladen, es wird ein leckeres Gläschen Wein getrunken, das Zimmer ist gemütlich und wohltemperiert, eine Kerze brennt und eigentlich ist alles perfekt, um loszulegen. Mit seinen Gedanken ist er jedoch ganz woanders, denn er hat Sorgen: »Wie erkläre ich morgen meinem Chef, dass die Lieferung noch nicht fertig ist? Und dann diese vielen Rechnungen, ich weiß gar nicht, wie das alles weitergehen soll.« All das will ihm einfach nicht aus dem Kopf gehen, während er sich redlich abmüht mit seiner sexuellen Aktivität. Doch alles tatkräftige Bearbeiten der erogenen Zonen nützt nicht viel, da sich der unbefangene Genuss einfach nicht einstellen will. Vielleicht »funktioniert« das Ganze sogar auf einer rein körperlichen Ebene (eine Erektion entsteht, der Geschlechtsverkehr wird vollzogen), aber erotische Spannung oder ein befriedigtes Gefühl wollen sich einfach nicht einstellen. Es bleibt eher so ein Gefühl von Leere zurück, vielleicht auch eine unterschwellige Reizbarkeit dem Partner gegenüber oder eine Unzufriedenheit mit sich selbst. Im Film folgen an dieser Stelle dann oft skurrile Einlagen mit zusammenbrechendem Mobiliar, heftigen Streitszenen oder einer heimlichen Flucht aus der Wohnung, bevor der Partner aufwacht.

Wenn Sie den Wunsch haben, Ihre erotischen und sexuellen Erlebnismöglichkeiten zu erweitern, kommt es daher meistens nicht auf äußere Veränderungen an (etwa immer noch eine komplizierte neue Stellung auszuprobieren), sondern mehr auf die Entwicklung der eigenen Empfindungsfähigkeit.

Auch dabei ist es wieder hilfreich, eine experimentelle Grundhaltung einzunehmen, neugierig zu sein und sich für neue Erfahrungen zu öffnen. Deshalb nenne ich auch in diesem Kapitel alle Übungen »Experimente«. Es geht ausdrücklich nicht darum, etwas zu trainieren oder richtig zu machen, sondern es geht darum, sich auf das Entdecken neuer Erfahrungen einzulassen, auch auf die Aspekte, denen man bisher vielleicht aus dem Weg gegangen ist.

»Männlichkeit« und »Weiblichkeit«

Dem vollständigen Erleben der eigenen Körperlichkeit kann z. B. die eigene Vorstellung von »Männlichkeit« oder »Weiblichkeit« im Weg stehen.

Vorstellungen von »Männlichkeit«. Manche Männer haben zu ihrem Körper ein sehr instrumentelles Verhältnis: Er soll vor allem »funktionieren«. Sie spüren ihren Körper v. a. dann, wenn er »Leistung bringt«, und können mit langsamen oder sanften Übungen (z. B. in einem von einer Frau geleiteten Yoga-Kurs) erst einmal gar nichts anfangen, frei nach dem Motto: »Echte Männer essen keinen Honig – die kauen Bienen!« Eine solche Vorstellung unverwüstlicher Männlichkeit kann dann auch in der Sexualität mit einer ausgeprägten Leistungsorientierung einhergehen. Schwierig wird es für solche Menschen oft dann, wenn ihr Körper auf einmal nicht mehr wie gewohnt »funktioniert« (z. B. wenn aufgrund von Diabetes oder Bluthochdruck im mittleren Alter Erektionsstörungen auftreten oder wenn aufgrund von Schmerzen die Beweglichkeit eingeschränkt ist). Falls Sie sich selbst in dieser Beschreibung wiedererkennen, könnte es für Sie möglicherweise sinnvoll sein, sich einen männlichen Kursleiter (z. B. für Yoga oder Qigong) zu suchen, der Ihnen einen mehr auf die speziellen Bedürfnisse von Männern ausgerichteten Zugang anbieten kann.

Umgekehrt gibt es auch Männer, die sich bewusst und absichtlich von dem traditionellen Bild aggressiv-markiger Männlichkeit abgewandt haben (wie der im obigen Beispiel geschilderte Herr Montabaur), z. B. weil sie in ihrer Ursprungsfamilie einen gewalttätigen Haustyrannen erlebt haben und so nicht sein möchten. Männer, die sehr aufgeschlossen sind für sanfte, vorsichtige, langsame und zärtliche Körpererfahrung und bereitwillig jede Entspannungsübung mitmachen, die jedoch zurückschrecken, wenn es um das Erleben der eigenen Leidenschaftlichkeit oder Aggressionsbereitschaft geht.

Vorstellungen von »Weiblichkeit«. Auch bei Frauen kann es sein, dass sie sich bestimmte Körpererfahrungen verbieten, weil sie die Befürchtung haben, das sei »zu unweiblich« (z. B. selbstbewusst auftreten, laut sein, schnell sein, lustvoll sein). Sie haben Angst, den Partner zu verschrecken durch ihre kraftvollen Seiten, und nehmen sich deshalb zurück. Manche Frauen trauen sich nicht, ihr sexuelles Begehren zu zeigen, aus Angst davor, für »unanständig« gehalten zu werden, da die traditionellen Rollenbilder die aktive Rolle beim Sex eher dem Mann zuschreiben.

Recht häufig steht zudem bei Frauen dem unbefangenen Genießen im Wege, wenn sie ihren eigenen Körper nicht mögen (zu dick, zu viele Falten, Speckröllchen an den falschen Stellen, Busen nicht straff genug usw.) oder wenn sie in der Vergangenheit emotionale Verletzungen durch sexualisierte Gewalt erlitten haben. Dann fällt der Kontakt zur eigenen Weiblichkeit möglicherweise sehr schwer.

Die Bandbreite der Möglichkeiten. Noch viel komplizierter wird die Frage nach »Männlichkeit« oder »Weiblichkeit« für Menschen, die eine andere sexuelle Orientierung oder Geschlechtsidentität haben (die z. B. homo- oder bisexuell, intersexuell oder transident sind). Je mehr man sich mit der Bandbreite von Möglichkeiten der menschlichen Sexualität beschäftigt, desto mehr kommt man daher zu dem Ergebnis, wie relativ und angreifbar die gewohnten gedanklichen Konstruktionen von angeblich »männlichen« und angeblich »weiblichen« Eigenschaften sind. Wir alle haben die unterschiedlichsten Gefühle und Bedürfnisse in uns. Ich persönlich ziehe es vor, diese nicht in »männliche« und »weibliche« zu unterteilen, sondern sie alle als »menschlich« zu betrachten.

Ballast über Bord werfen. Manche Menschen leiden sehr unter dem Rollen-Ballast, den sie mit sich herumtragen: »So sollst du sein – so darfst du nicht sein, das sollst du fühlen – das darfst du nicht fühlen, diese Eigenschaft darfst du haben – jene nicht.« Für sie kann es eine unglaublich befreiende Erfahrung sein, einfach so sein zu dürfen, wie sie sind, fühlen zu dürfen, was sie fühlen, und lieben zu dürfen, wen sie nun mal lieben.

Mein Vorschlag ist daher: Wenden Sie sich Ihrem eigenen Innenleben vertrauensvoll zu und erforschen Sie, was da ist: Was empfinde ich, welche Bedürfnisse sind da, nach was verlangt mein Organismus, was tut mir gut? Auch hier gilt: Sich seines Innenlebens gewahr zu sein, heißt erst einmal nur: wahrnehmen, was da ist. Wenn Sie in Ihrem Inneren ein Gefühl oder ein Bedürfnis entdecken, von dem Sie bisher noch nichts wussten (oder das Sie bis jetzt immer unterdrückt und weggeschoben haben), bleiben Sie ruhig: Das Gefühl oder Bedürfnis ist weder gut noch böse, es ist eben einfach jetzt im Moment da, nicht mehr und nicht weniger. Daraus entsteht noch kein Zwang, jeden Wunsch oder jede Fantasie auch in der Realität ausleben zu müssen. Was Sie leben möchten und was nicht, liegt ganz bei Ihnen.

Grenzen der Freiheit. Die eigene Freiheit zur Entfaltung stößt allerdings immer da an eine Grenze, wo ein anderer Mensch ernsthaft geschädigt oder verletzt wird. Daher kann es in manchen Fällen auch sinnvoll sein, die eigenverantwortliche Entscheidung zu treffen: Diesen Teil meiner Bedürfnisse werde ich nicht ausleben, weil ich damit gegen ethische Grundsätze verstoßen würde, die ich als richtig erkannt habe (bspw. keine Gewalt auszuüben, dem Partner treu zu sein, Kindern kein Leid anzutun). Achtsam sein heißt in der Sexualität eben auch: achtsam dem anderen gegenüber. Dennoch ist es auch in diesen Fällen gut, über das eigene Innenleben Bescheid zu wissen (z. B. über eigene Wünsche nach Macht und Dominanz oder über ungewöhnliche sexuelle Vorlieben), um einen konstruktiven Umgang damit zu finden. Wir essen und trinken ja auch nicht immer alles, auf das wir gerade Lust haben.

Die eigenen Bedürfnisse zum Ausdruck bringen

Was ist nun aber, wenn Sie bemerken, dass Ihre körperlichen und sexuellen Bedürfnisse in Ihrer Partnerschaft bisher nur unzureichend erfüllt werden? Dass Sie sich unzufrieden fühlen und sich eine Veränderung wünschen? In der paartherapeutischen Praxis kommt es recht häufig vor, dass Paare zur Beratung kommen, bei denen schon seit vielen Jahren die Sexualität fast vollständig zum Erliegen gekommen ist. Das kann ganz unterschiedliche Gründe haben. Was mir immer wieder auffällt, ist, dass häufig ein Partner (oft ist das die Frau) sich über viele Jahre beklagt und Vorwürfe macht, die beim anderen Partner (oft ist das der Mann) aber scheinbar ungehört verhallen und nicht zu einer Veränderung führen. Meist kommt dann das Paar erst zur Beratung, wenn einer der Partner sich eigentlich schon zur Trennung entschlossen hat (statistisch gesehen ist das viel häufiger die Frau).

Eigene Wünsche wirksam deutlich machen. Falls Sie feststellen, dass Sie selbst dazu neigen, in letzter Zeit Ihrem Partner (bzw. Ihrer Partnerin) häufig Vorwürfe zu machen oder an ihm oder ihr herumzukritisieren, könnten Sie einmal Folgendes versuchen:

▶ Hören Sie auf damit, Vorwürfe zu machen, und äußern Sie stattdessen möglichst klar und konkret formuliert Ihre Wünsche. Statt »Du nimmst gar keine Rücksicht auf mich« könnten Sie z. B.

sagen:»Ich möchte gerne, dass du dir Zeit nimmst, meinen ganzen Körper zu streicheln, bevor du dich meinen Brüsten zuwendest.« Achten Sie darauf, Ihren Wunsch so zu formulieren, dass es für Ihren Partner nicht beleidigend oder entwertend klingt, und auch darauf, Ihre Körpersprache und Ihren Tonfall dabei zugewandt, nicht aggressiv, höhnisch oder überheblich zu gestalten.

▶ Falls Sie den Eindruck haben, dass Ihr Anliegen noch nicht gehört worden ist, geben Sie nicht gleich auf, sondern fragen Sie nach, ob Ihr Partner wirklich verstanden hat, was Ihnen wichtig ist. Fragen Sie nach, was er verstanden hat und was er darüber denkt. Stellen Sie sicher, dass Ihr Anliegen wirklich deutlich wird und dass Ihr Partner begreift, wie wichtig es Ihnen ist, und aus welchem Grund. Machen Sie nicht ein freundliches Gesicht »um des lieben Friedens willen«. Bleiben Sie so lange dran, bis Sie den Eindruck haben, gehört worden zu sein. Strategisch günstig ist es, ein solches Gespräch nicht aus einem Streit heraus, zwischen Tür und Angel oder mitten in der Nacht zu beginnen, sondern sicherzustellen, dass Ihr Partner Zeit für eine Unterhaltung hat und auch noch frisch und wach genug ist, um Ihnen zuhören zu können.

▶ Sagen Sie ihm möglichst klar und konkret, welche Verhaltensänderungen Sie sich wünschen. So ist z. B.»Du sollst mich liebevoller behandeln« viel zu ungenau. Sie könnten stattdessen sagen:»Ich möchte gerne, dass du mich in den Arm nimmst und tröstest, wenn ich wieder so fertig und abgekämpft nach Hause komme und Kopfschmerzen habe. Das tut mir gut, und dann fühle ich mich geborgen bei dir.«

Mit Vorwürfen des Partners konstruktiv umgehen. Im umgekehrten Fall: Falls Sie feststellen, dass Sie in letzter Zeit dazu neigen, vor Auseinandersetzungen zu flüchten und Sex zu vermeiden, weil Ihr Partner (bzw. Ihre Partnerin) sich dauernd beklagt und Ihnen Vorwürfe macht, könnten Sie einmal Folgendes probieren:

▶ Widerstehen Sie dem Impuls zu flüchten, wenn wieder Vorwürfe kommen. Atmen Sie stattdessen ein paar Mal tief durch, um sich innerlich wieder zu beruhigen, und bleiben Sie im Kontakt.

► Widerstehen Sie der Versuchung, gleich dagegen zu argumentieren, sich zu verteidigen oder zu rechtfertigen. Stellen Sie Ihren eigenen Standpunkt erst einmal für den Moment zurück, er wird im weiteren Verlauf ebenfalls zu seinem Recht kommen.

► Fragen Sie stattdessen genauer nach. Fordern Sie auf diese Weise von Ihrem Partner ein, ganz konkret zu sagen, was er sich wünscht, anstatt weiter Vorwürfe zu machen. Begnügen Sie sich nicht mit allgemeinen Floskeln wie »Ich will halt, dass du mehr auf mich eingehst«, sondern fragen Sie genau nach: »Was meinst du denn genau damit?«, »Was möchtest du, dass ich tun soll?«, »Was kann ich konkret tun, um deine Situation zu verbessern?«

► Es lohnt sich auch, genauer nachzufragen, aus welchem Grund Ihrem Partner diese spezielle Sache so wichtig ist, denn oft geht es in Wirklichkeit noch um etwas anderes, als Sie auf den ersten Blick erkennen. Sie könnten z. B. fragen: »Aus welchem Grund ist dir das so wichtig, dass ich XY mache?« oder »Warum stört dich das so sehr, wenn ich XY mache?« Bemühen Sie sich dabei wirklich darum, die Beweggründe Ihres Partners noch besser als bisher zu verstehen, stellen Sie nicht nur rhetorische Fragen!

► Wenn Sie genau verstanden haben, um was es Ihrem Partner wirklich geht, ist dies eine gute Ausgangsbasis, um in Verhandlungen zu treten: Was möchten Sie ihm anbieten? Und was wünschen Sie sich im Gegenzug von ihm? (Kleiner Hinweis: Auch über sexuelle Wünsche kann verhandelt werden! Vielleicht fällt es Ihrem Partner sogar überraschend leicht, Ihnen entgegenzukommen, wenn Sie ihm auch etwas für ihn Attraktives anbieten?)

Lust auf neue Entdeckungen?

Wenn Sie damit beginnen, Ihre eigenen körperlichen Bedürfnisse genauer zu erkunden und sich auch mit Ihrem Partner darüber auszutauschen, werden Sie vielleicht auch neugierig darauf werden, Ihre Sexualität noch vielfältiger oder erlebnisreicher zu gestalten. Möglicherweise kann Ihnen eines der im Folgenden beschriebenen »Experimente« dabei weiterhelfen. Falls Sie sich dann noch weiter mit dem Thema beschäftigen möchten, gebe ich im Anhang einige Lesetipps.

Experiment für »zielorientierte Schnellmacher«

Gehören Sie zu den Menschen, bei denen es beim Sex immer gradlinig »aufs Ziel zu« gehen muss und bei denen der Partner/ die Partnerin sich beklagt, es gehe ihm/ihr zu schnell? Denken Sie darüber nach, wie sich der Tempounterschied zwischen Ihnen und Ihrem Partner/Ihrer Partnerin besser in Einklang bringen lässt?

Wenn das der Fall ist, dann möchte ich Ihnen vorschlagen, erst einmal kurz über die folgenden Fragen nachzudenken: Wie viel Zeit nehmen Sie sich, wenn Sie sich selbst befriedigen? Wie lange dauert das durchschnittlich und wie genau machen Sie das? Könnte es da einen Zusammenhang geben? Könnte es sein, dass sich Ihr Organismus an einen Automatismus gewöhnt hat, mit Hilfe einer ganz bestimmten, optimal schnell gehenden Form der Stimulation in kürzester Zeit »die Sache zu Ende zu bringen«? Und hat das möglicherweise Einfluss auf Ihr Verhalten bei der sexuellen Begegnung mit Ihrem Partner/Ihrer Partnerin? Kommt da ein Automatismus in Gang, der sich sozusagen von selbst abspult und bei dem Sie ab einem gewissen Punkt jede Abweichung im Ablauf nur noch als Störung empfinden?

Falls Sie feststellen, dass an diesen Gedanken etwas dran sein könnte, möchte ich Ihnen folgendes Experiment vorschlagen: Beim nächsten »sexuellen Treffen mit sich selbst« nehmen Sie sich einmal viel mehr Zeit dafür als sonst (und damit meine ich nicht: fünf statt drei Minuten, sondern wirklich *viel mehr* Zeit!). Sorgen Sie dafür, dass Sie ungestört sind. Machen Sie es sich richtig schön mit sich selbst. Und nehmen Sie sich Zeit zum Experimentieren. Machen Sie langsam. Machen Sie Pausen. Gestalten Sie Ihre Fantasien abwechslungsreicher aus, lassen Sie z. B. Hindernisse und Verzögerungen darin auftauchen oder genussvolle Aktivitäten, die zwar schön sind, aber nicht so direkt zum Orgasmus führen. Beziehen Sie dabei alle Sinne mit ein (hören, sehen, fühlen, riechen, schmecken). Wählen Sie absichtlich zwischendrin immer wieder eine Form der Stimulation, die

die Erregung verlangsamt. Sie können z.B. die andere Hand nehmen, die etwas ungeschickter ist, oder sich an einer Stelle reiben, die weniger empfindlich ist. Streicheln Sie zwischendurch andere Körperteile, nicht nur die sogenannten »erogenen Zonen«. Gehen Sie zärtlich mit Ihrem Körper um, liebkosen Sie ihn. Probieren Sie gezielt aus, mit welchen Fantasien oder Berührungen Sie Ihre Erregung schneller oder langsamer machen können. Gewöhnen Sie sich daran, sich auch bei der Selbstbefriedigung Zeit für Genuss und Sinnlichkeit zu lassen (nicht immer, aber immer öfter).

Und dann lassen Sie sich überraschen, wie diese Erfahrungen sich auf Ihr Einfühlungsvermögen und Ihre Erlebnisfähigkeit in der Begegnung mit Ihrem Partner/Ihrer Partnerin auswirken. Lassen Sie sich darauf ein, Störungen oder Unterbrechungen nicht mehr als lästig zu erleben, sondern als Gelegenheit, kurz innezuhalten und die Erregung umso länger genießen zu können, bewusst zu erleben, wie sie abwechselnd abflaut und wieder ansteigt. Probieren Sie auch aus, wie es ist, die Sache einmal spielerisch anzugehen, nach dem Motto:»Humor rein, Schwere raus« (schließlich heißt es»Liebesspiel« und nicht»Liebesarbeit«!). Zwischendurch einfach mal herumzualbern und dann wieder leidenschaftlich zu werden. Und lassen Sie sich überraschen, wie abwechslungsreich und vielfältig Ihre sexuellen Begegnungen auf einmal werden können, wenn Sie sich auf diese Vielfalt einlassen.

Falls Sie nach dem Lesen dieses Abschnitts denken:»Das ist ja alles schön und gut, aber dafür braucht man Zeit und die habe ich nicht, für so etwas habe ich keinen Nerv« – dann sollten Sie ernsthaft darüber nachdenken, warum Sie es immer so eilig haben. Wenn die beruflichen oder privaten Stressbelastungen in Ihrem Leben so überhandgenommen haben, dass über längere Zeit kein Freiraum mehr da ist für eine sinnliche und genussvolle sexuelle Begegnung, dann sollten Sie jetzt sofort auf die Bremse treten. Sie bewegen sich eindeutig bereits im gesundheitsschädlichen Bereich und sollten dringend Wege zum Stressabbau suchen.

Manche Menschen können Sexualität nur wenig genießen, weil sie mit ihrem eigenen Körper unzufrieden sind. Wenn Sie zu diesen Menschen gehören, finden Sie sich nicht damit ab! Vielleicht wären die folgenden Vorschläge für Sie hilfreich, um mitfühlender mit sich selbst umzugehen.

Übung

Experimente für Menschen, die ihren eigenen Körper nicht mögen
Gehören Sie zu den Menschen, die an ihrem eigenen Körper ständig etwas zu kritisieren haben? Der Bauch ist zu dick, die Falten zu tief, die »Rettungsringe« zu schwabbelig, die Brüste zu klein, das Haar zu dünn? Und immer lauert die Angst: »Wenn ich mich beim Sex gehenlasse, könnte ich dabei ganz furchtbar unvorteilhaft aussehen«? Also lieber Licht aus und Augen zu?

Wenn das so ist, möchte ich Ihnen empfehlen, die Kapitel 8 und 10 noch einmal anzuschauen. Experimentieren Sie mit den Übungen, die Sie dort finden. Wenn Sie nach und nach beginnen, angenehme Empfindungen in Ihrem Körper zu entdecken, lassen Sie die Übungen sich immer weiter ausweiten in Richtung Erotik und Sexualität. Sie könnten z. B. damit beginnen, sich selbst die Füße mit einem wohlriechenden Öl zu massieren. Wenn das gut geht und Sie es genießen und sich Ihren Füßen liebevoll zuwenden können, können Sie mit den Armen und Beinen weitermachen. Und so weiter. Tasten Sie sich langsam auch an die Körperstellen heran, die Sie als intim empfinden.

Sie können bei der Selbstbefriedigung damit experimentieren, sich am ganzen Körper zärtlich zu streicheln, und auch den Körperteilen liebevolle Zuwendung zukommen zu lassen, die Sie bisher immer so »beschimpft« haben. Trauen Sie sich, das Licht anzulassen und die Augen offen, auch wenn es am Anfang Überwindung kostet. Sie können auch Ihren Partner bzw. Ihre Partnerin bitten, Sie dabei zu unterstützen, wenn eine ausreichende Vertrauensbasis gegeben ist.

Ich möchte Ihnen noch einen wunderbaren Satz des amerikanischen Sexualtherapeuten David Schnarch (2009) mit auf den Weg geben: »Zwischen Zellulitis und leidenschaftlichem Sex besteht ein enger statistischer Zusammenhang« (S. 9). Damit meint er, dass erst eine gewisse menschliche Reife das Erleben wirklich erfüllender, leidenschaftlicher Sexualität möglich macht. Die Vorstellung, schöne, schlanke, junge und faltenfreie Menschen hätten den besseren Sex, ist absoluter Blödsinn, trennen Sie sich davon! Egal wie jung oder alt, wie dick oder dünn Sie sind, Sie können jetzt damit beginnen, sich Ihrem eigenen Körper und dem Körper Ihres Partners liebevoll und leidenschaftlich zuzuwenden.

Vielleicht möchten Sie auch gerne ein paar kleine Experimente machen, um Ihre erotische Erlebnisfähigkeit zu erweitern, um mehr Innigkeit zu erleben und um sich selbst und Ihren Partner/Ihre Partnerin besser spüren zu können.

Übung

Experimente zur Erweiterung der Wahrnehmungsfähigkeit

Vorschlag 1: Probieren Sie einmal aus, wie es ist, ganz bewusst das Tempo zu drosseln. Wie ist es, wenn Sie sich mit allem mehr Zeit lassen? Vielleicht möchten Sie sich auch von dem »Experiment für zielorientierte Schnellmacher« (weiter oben in diesem Kapitel) inspirieren lassen.

Vorschlag 2: Probieren Sie einmal aus, was sich dadurch verändert, wenn Sie nicht nur das Licht an, sondern auch die Augen offen lassen. Hatten Sie bisher die Augen offen beim Küssen? Beim Geschlechtsverkehr? Beim Orgasmus? Wenn nicht, dann probieren Sie es aus. Der Unterschied wird Sie möglicherweise überraschen. Vielleicht werden Sie auch feststellen, dass so viel Intimität auf einmal Ihnen jetzt doch wieder zu viel ist. Zwingen Sie sich zu nichts, experimentieren Sie einfach damit und lassen Sie sich überraschen, welche neuen Erlebnisse dadurch möglich werden.

Vorschlag 3: Machen Sie mit Ihrem Partner/Ihrer Partnerin eine kleine Grundübung aus dem Tuishou (das sind Taiji-Partnerübungen): Sie stehen sich gegenüber, beide in leichter Schrittstellung, der rechte Fuß ist vorne. Legen Sie Ihr rechtes Handgelenk gegen das rechte Handgelenk Ihres Partners. Nehmen Sie den Kontakt wahr. Wenn Sie sich entspannen und Ihren Arm locker lassen, können Sie über diese Berührung am Handgelenk deutlich wahrnehmen, wie Ihr Partner dasteht, wie stabil sein Stand ist, wo in seinem Körper Anspannung ist, ob er Muskelkraft im Arm einsetzt usw. Bleiben Sie zunächst beide einfach stehen und spüren Sie einander.

Dann beginnt einer von Ihnen (nennen wir ihn Partner A) damit, seine Hand zu bewegen, d. h., er beginnt zu führen. Partner B macht diese Bewegung mit, als ob sein Handgelenk an A's Handgelenk kleben würde. Bleiben Sie entspannt dabei, spüren Sie genau, mit welcher Kraft und welchem Tempo die Hand sich in welche Richtung bewegt, und bleiben Sie »kleben«, egal ob der Partner seine Hand von Ihnen weg zieht oder zu Ihnen hin drückt. Setzen Sie der Kraft keine Gegenkraft entgegen, bewegen Sie sich geschmeidig und entspannt, so wie eine Tänzerin sich von ihrem Tanzpartner führen lässt, immer in Kontakt bleibend. Achten Sie darauf, dass dabei Ihre eigene Körperhaltung aufrecht und entspannt bleibt. Die Bewegungen können langsam oder schnell sein, klein oder groß. Sie können auch Schritte machen oder sich drehen. A sollte jedoch darauf achten, dass er die Bewegungen so gestaltet, dass B die Chance hat, dranzubleiben.

Nach einer Weile entscheidet sich B, jetzt in Führung zu gehen und die Rollen vertauschen sich. Sie brauchen das nicht abzusprechen, spüren Sie einfach, wann der Wechsel geschieht. Lassen Sie sich auf die Rolle des Führenden genauso ein wie auf die Rolle des Geführten. Sie können mehrfach hin und her wechseln und dabei beobachten, von wem der Wechsel ausgeht und woran Sie dies bemerken.

Danach können Sie sich im Gespräch darüber austauschen, wie Sie diese Art, sich miteinander zu bewegen, erlebt haben und welchen Bezug zu Ihrer gemeinsamen Sexualität Sie sehen.

Einen anderen Menschen anzufassen heißt noch nicht automatisch, dass ich ihn auch wirklich spüre und mit ihm in Kontakt bin. Um einmal ganz klar und deutlich den Unterschied wahrnehmen zu können, möchte ich Ihnen folgendes Experiment vorschlagen:

Übung

Experiment zur Berührung – mit und ohne Kontakt
Setzen Sie sich mit Ihrem Partner oder Ihrer Partnerin an einen Tisch, am besten über Eck.

Partner A: Legen Sie einen Ihrer Unterarme auf den Tisch, in Reichweite Ihres Gegenübers. Sitzen Sie einfach entspannt da, ohne zu reden, und nehmen Sie wahr, was jetzt geschieht.

Partner B: Führen Sie jetzt nacheinander zwei verschiedene Aufgaben aus, ohne dabei zu reden. Richten Sie Ihre Aufmerksamkeit auf Ihre eigenen Wahrnehmungen und auf die körpersprachliche Reaktion Ihres Gegenübers.

(1) Fassen Sie die Hand Ihres Gegenübers an, als ob sie eine Sache wäre, und legen Sie sie woanders hin oder bewegen Sie sie hin und her. Nehmen Sie dabei aber bitte keinen emotionalen Kontakt mit Ihrem Gegenüber auf, sondern behandeln Sie die Hand so, als ob sie eine Sache wäre (vielleicht sogar eine lästige Sache, wenn das den Unterschied für Sie deutlicher macht). Legen Sie die Hand wieder hin und beenden Sie damit den ersten Teil der Übung.

(2) Entscheiden Sie sich jetzt dafür, noch einmal die Hand Ihres Gegenübers anzufassen, dabei aber diesmal Kontakt aufzunehmen. Nehmen Sie die Hand, bewegen Sie sie, und spüren Sie dabei Ihr Gegenüber, *meinen* Sie Ihr Gegenüber. Stellen Sie einen wirklichen, spürbaren Kontakt her. Wie Sie das machen, bleibt Ihnen überlassen. Sprechen Sie

aber nicht dabei. Nehmen Sie den Unterschied wahr, welche Empfindungen dabei in Ihnen entstehen, und welche Reaktionen Sie bei Ihrem Gegenüber bemerken.

Partner A: Spüren Sie den Unterschied zwischen (1) und (2) und tauschen Sie sich nach der Übung mit Partner B darüber aus. Sie können auch zuerst die Rollen tauschen, bevor Sie sich über das Erlebte unterhalten. Sprechen Sie miteinander darüber, woran Sie das erinnert und welchen Bezug zu Ihrer gemeinsamen Sexualität Sie sehen.

Zum Abschluss dieses Kapitels möchte ich zum Thema »Berührung« noch eine sehr interessante und inspirierende Geschichte aus einem Buch des amerikanischen Sexualtherapeuten David Schnarch (2009) wiedergeben: Er erzählt davon, wie er als Medizinprofessor in New Orleans in einem Seminar über das Sexualverhalten von Menschen mit seinen Studenten ein Experiment zur Kontaktaufnahme durch Berührung machte. Er wies dabei zwei männliche Freiwillige an, vor den Augen der anderen Studenten Kontakt aufzunehmen, indem der eine die Hand des anderen ergreifen und sie streicheln sollte. Jedes Mal war dann zu beobachten, dass die Versuchspersonen sich vor lauter Verlegenheit und Angst, für homosexuell gehalten zu werden, nicht auf mehr als ein völlig gefühlloses und mechanisches Reiben der Hand einlassen konnten. Dies war dann jeweils der Ausgangspunkt für eine lebhafte Diskussion über Berührung und Kontaktaufnahme. Eines Tages erlebte er jedoch eine große Überraschung. Einer der Versuchsteilnehmer (der schon ein paar Jahre älter war als die anderen Studenten) ließ sich tatsächlich auf das Experiment ein und streichelte ganz langsam und aufmerksam sein Gegenüber (dem das sichtlich peinlich und unangenehm war). Als Professor Schnarch sein Erstaunen darüber zum Ausdruck brachte, dass der Student so offenkundig in der Lage war, sein Gegenüber zu spüren, sagte dieser: »Es kostet mich meine ganze Willenskraft«. Einige Tage später sprach der Student ihn auf dem Gang an:

»›Ich wollte Ihnen nur sagen, was mir seit diesem Seminar passiert ist. Ich habe über meinen fünfjährigen Sohn nachgedacht. Er beklagt sich immer, dass ich zu grob mit ihm umgehe, dass ich ihm wehtue, wenn wir uns balgen. Nach Ihrem Versuch wurde mir klar, dass ich ihn grob anfasse, weil ich Angst davor habe, ihn wirklich zu spüren und das zu genießen. Ich hatte Angst, ihn zu einem Weichling oder einem Schwulen zu machen, wenn es ihm gefällt, dass ein Mann ihn anfasst. Mein ganzes Leben hatte ich Angst, ich könnte latent homosexuell sein. Mir wurde bewusst, dass diese Angst bei meinem Sohn durchschlägt.‹ Und er fuhr fort: ›Mein Sohn war immer angespannt und schwer zu bändigen – man hatte ihn sogar als hyperaktiv diagnostiziert. Nachdem ich über die Sache im Seminar nachgedacht hatte, *berührte* ich ihn wirklich – nicht sexuell natürlich, aber ich ließ zu, dass ich ihn spürte. Das war vor ein paar Tagen. Meine Frau und ich können die Veränderung kaum fassen. Mein Sohn ist *ruhig* geworden ... als hätte ihm jemand den Strom abgezapft. Ich wollte nur Danke sagen!‹ Wir schwiegen beide. Dann fragte ich: ›Hätten Sie etwas dagegen, wenn ich eines Tages über Sie und Ihren Sohn schreibe?‹ ›Warum? Sind wir etwas Besonderes?‹ ›Ja, aber auf eine sehr schöne Art. Ich glaube, Ihre Erfahrung wird vielen Menschen helfen‹« (Schnarch, 2009, S. 262).

13 Leben mit Traumata

Hass wird nie durch Hass beendet.
Durch Liebe allein kann Hass überwunden werden.
Dies ist ein ewiges Gesetz.

Dhammapada (5. Vers)

Gisela ist eine sehr attraktive und auf den ersten Blick auch sehr selbstbewusste und moderne Frau. Ihre langjährige Ehe war nach außen hin eine Vorzeige-Ehe. Alle mochten ihren Mann, weil er so ein netter Kerl war. Keiner außer ihr selbst und den Kindern wusste von den Szenen der Gewalt und Unbeherrschtheit, die sich immer wieder in der Vertrautheit ihrer vier Wände abspielten. Die erschreckend unvorhersehbaren und gewalttätigen Ausbrüche ihres Mannes hingen wohl zusammen mit den massiven Misshandlungen, die er selbst als Kind erlebt hatte, aber davon erfuhr Gisela erst viel später, nachdem sie sich von ihm getrennt hatte und er endlich bereit war, in einer Psychotherapie darüber zu sprechen. Wenn er »ausrastete«, erlebte sie ihn als völlig verwandelt, »wie ein anderer Mensch, den ich nicht kannte«. Er bekam dann ganz dunkle Augen, beschimpfte sie in unflätiger Weise, hielt ihr ein Messer an den Hals und verletzte auch einmal die Tochter damit. Sie war in solchen Situationen wie gelähmt, konnte sich nicht mehr bewegen und nicht mehr sprechen und hatte den Eindruck, ihren Körper zu verlassen. Noch heute erstarrt sie vor Angst, wenn ihr neuer Partner sie anbrüllt. Es reicht schon, dass »eine ungute Stimmung aufkommt«, um diese körperliche Reaktion auszulösen.

Traumatische Erfahrungen sind gekennzeichnet durch ein Empfinden von Lebensbedrohlichkeit und gleichzeitig hilflosem Ausgeliefertsein (nichts tun zu können, es nicht abwenden und auch nicht wegrennen und entkommen zu können). In solchen Situationen aktivieren sich beim Menschen angeborene Schutzreaktionen wie z. B. das oben beschriebene »Dissoziieren« (aus dem Körper heraustreten und nichts mehr spüren) oder Erstarren (Schreckstarre mit Bewegungsunfähigkeit).

Solche Reaktionen sind an sich vorübergehend und normal. Der Traumatherapeut Peter Levine (2011) weist darauf hin, dass alle Säugetiere instinktiv solche Reaktionen zeigen, diese jedoch nach Beendigung der akuten Gefahr (wenn z. b. eine Gazelle doch noch vor dem Raubtier flüchten kann, das sie bereits in seinen Fängen hatte) schnell wieder abschütteln und ganz normal weiterleben. Bei Menschen ist das leider oft anders. Sie bleiben manchmal richtiggehend gefangen in ihrer Traumareaktion, v. a. dann, wenn sich schwere Misshandlungen über einen langen Zeitraum immer wieder wiederholt haben. Erinnerungen an die schrecklichen Ereignisse werden im Gedächtnis in fragmentierter Form und oft sehr körpernah gespeichert (z. B. mit Übelkeit und Erbrechen, Schwindelgefühl, Schmerz, überwältigender Panik, körperlicher Erstarrung und Bewegungsunfähigkeit oder völliger Kraftlosigkeit und Erschlaffung). Sie können unter Umständen durch einzelne Reize wie einen bestimmten Geruch, eine Stimme oder ein Geräusch ausgelöst werden und den betroffenen Menschen dann unkontrolliert überfluten.

Körper und Trauma

Körperlich leiden traumatisierte Menschen oft unter chronischen Schmerzen (bspw. Rücken-, Bauch- oder Kopfschmerzen, Fibromyalgie) oder anderen »funktionellen« Beschwerden (z. B. Reizdarmsyndrom) ohne klare organische Ursache. Auch Essstörungen, sexuelle Probleme und ganz allgemein eine chronisch erhöhte innere Anspannung mit Schreckhaftigkeit, Schlafstörungen, Muskelverspannungen und innerer Unruhe sind häufig. Einige versuchen, sich mit Hilfe von Suchtstoffen wie Alkohol, Nikotin oder Beruhigungsmitteln über Wasser zu halten. Manche vernachlässigen aufgrund ihres Mangels an Selbstwertgefühl auch massiv die Fürsorge für ihren eigenen Körper und bekommen dadurch langfristig noch weitere gesundheitliche Probleme (z. B. wenn sie sich extrem einseitig und ungesund ernähren).

Gefühle aus der Vergangenheit. Simon kam in meine Praxis, weil er unter bedrohlichen Bluthochdruckattacken litt, für die es aus Sicht der Ärzte keinen feststellbaren körperlichen Grund gab. Er hatte den Wunsch, in der Psychotherapie möglichen seelischen Faktoren auf die Spur zu kommen. In hypnotherapeutischer Trancearbeit erkundeten wir sein körperliches Empfinden in einer typischen zwischenmenschlichen Belastungssituation, in der es kurz zuvor zu einer Bluthochdruckattacke gekommen war, und verfolgten dieses Gefühl in seine Entstehungsgeschichte zurück. Bei dieser »Reise in die Vergangenheit« erinnerte er sich, dass er im Grundschulalter eine sehr innige Beziehung zu einem Mädchen hatte, seine erste große Liebe. Er spürte wieder die untröstliche, vernichtende Verzweiflung, die er erlebt hatte, als dieses Mädchen mit den Eltern wegzog und ihn verließ. Er wurde damals für mehrere Wochen schwer krank und wäre fast gestorben, so nahe ging ihm dieser Verlust. Obwohl er bewusst schon lange nicht mehr an diese Ereignisse gedacht hatte, wurde offenbar noch viele Jahre später ein Nachklang dieses dramatisch lebensbedrohlichen Gefühls in bestimmten Situationen in ihm aktiviert – was die Reaktion seines Körpers, nämlich einen massiven Blutdruckanstieg, auf einmal ganz verständlich und sinnvoll erscheinen ließ.

Wenn der Schrecken nicht weichen will

Alte Kriegserinnerungen kehren zurück. Seit etwa 20 Jahren wird von deutschen Psychotherapeuten berichtet, dass in ihren Praxen vermehrt Menschen auftauchen, die sich im höheren Alter auf einmal wieder von ihren alten Kriegserinnerungen bedrängt fühlen. Sie sehen die Fernsehnachrichten mit der Kriegsberichterstattung aus aller Welt und erinnern sich wieder an ihre Kindheit, an die Bombennächte, an den Hunger, die Vertreibung, die Vergewaltigungen, die Todesangst oder den Blutrausch beim Kampfeinsatz an der Front oder auch an die unbegreiflich und unaussprechlich gebliebenen eigenen Taten, das eigene Schuldigwerden, das nie ehrlich eingestanden werden konnte. Es kann heute leicht in Vergessenheit geraten, dass auch in unserem Land sehr viele Menschen einen oder mehrere Kriege erlebt und erlitten haben. Die meisten haben nie über ihre Traumata gesprochen, in der Aufbauzeit nach 1945 wollte das niemand hören. Sie krempelten die Ärmel hoch, bauten das Land wieder auf, konzentrierten sich darauf, den materiellen Wohlstand zu vermehren, und entwickelten in vielen Fällen eine charakteristische Form der Sprachlosigkeit, in der jedes aufkommende tiefere Gefühl umgehend mit Sätzen wie »Da muss man halt durch«, »Da kann man halt nichts machen«, »Kopf hoch, das wird schon wieder« oder »Ich muss dankbar sein für das, was ich habe« beschwichtigt wurde. Sich mit den Empfindungen des eigenen Körpers zu befassen und ihnen Aufmerksamkeit zu schenken, wäre da nur hinderlich gewesen.

Weitergabe an die folgenden Generationen. Mein persönlicher Eindruck ist, dass diese Menschen sich zwar eher selten selbst in psychotherapeutische Behandlung begeben (wenn überhaupt, dann oft aufgrund chronischer körperlicher Beschwerden), dass ich in meiner Praxis aber häufig ihre Kinder zu sehen bekomme.

Wenn man sich einmal die Familiengeschichte von Menschen anschaut, die von sich selbst sagen: »Ich kann mich nicht entspannen, Yoga ist nichts für mich, das geht bei mir gar nicht« oder »Ich spüre mich selbst gar nicht, ich weiß nicht, was ich wirklich will« oder »Ich fühle mich nicht lebendig, so als ob ich gar nicht auf der Welt sein dürfte«, dann hört man oft Geschichten von dieser Art: »Mein Vater kam gebrochen aus der Kriegsgefangenschaft zurück, war nie mehr so wie vorher und hatte unkontrollierbare Wutanfälle. Er trinkt auch zu viel, aber man darf ihn nicht darauf ansprechen, das wird alles unter den Teppich gekehrt. Meine Mutter musste als Kind aus ihrer Heimat flüchten und verlor ihre ganze Familie, wuchs dann bei einer Tante auf, die wohl sehr grausam und lieblos zu ihr war, aber darüber weiß ich eigentlich gar nichts, sie erzählt nie davon. Beim ins Bett bringen sagte sie immer zu uns Kindern: Wer weiß, ob wir morgen früh alle wieder aufwachen. Sie arbeitet schon ihr Leben lang bis zum Umfallen, weigert sich, in Kur zu gehen, und kann sich überhaupt nicht entspannen. Ich denke schon, dass sie mich liebt, aber sie kann das nicht so zeigen. Nein, ich kann mir auch nicht vorstellen, meine Eltern nach ihren Erlebnissen zu fragen, das wäre peinlich und ungewohnt. Über Gefühle spricht man nicht in meiner Familie.«

Interessanterweise kommt es jedoch höchst selten vor, dass einmal ein Klient erzählt, seine eigenen Eltern oder Großeltern seien überzeugte Nazis, SS-Mitglieder oder Aufseher in einem KZ gewesen und irgendetwas Konkretes über deren Taten oder Erlebnisse zwischen 1933 und 1945 berichten kann. Wenn überhaupt, ist da meist höchstens ein schwammiges Gefühl, der Opa könnte vielleicht eventuell ein Nazi gewesen sein. Der Mantel des Schweigens bleibt bis heute dicht gewoben.

Biografisch bedingte Ängste und körperliche Spannungszustände können in sehr subtiler Weise an die nachfolgende Generation weitergegeben werden:

▶ z. B. als Rastlosigkeit, die dazu zwingt, immer in Bewegung zu bleiben und pausenlos zu arbeiten bis zur völligen Erschöpfung
▶ als Grundüberzeugung, sich auf Männer nicht verlassen zu können
▶ als generelle Lebensängstlichkeit mit dem Gefühl, jederzeit könne alles zusammenbrechen
▶ als ausgeprägter Hass auf »die Ausländer« oder »die Politiker«
▶ als Harmoniebedürfnis mit ausgeprägter Konfliktscheu
▶ oder auch als innere Erstarrung, in der jegliche spontane, fröhliche Lebendigkeit als etwas »Verbotenes« erscheint.

In der Behandlung ist es daher oft sinnvoll, den generationenübergreifenden Zusammenhang wieder herzustellen, um sich bewusst aus solchen familiären »Auftragslagen« lösen und die Gegenwart von der Vergangenheit trennen zu können. Auch Hassgefühle gegenüber den eigenen Eltern oder Großeltern können sich manchmal relativieren, wenn man erkennt, wie sie dazu kamen, so zu handeln, wie sie es taten. Unverarbeitete Traumata, die nur unter den Teppich gekehrt und nie angemessen gewürdigt wurden, und die daraus resultierende Verbitterung bereiten oft den Boden für erneute Gräueltaten. Das kann man in den Krisenherden rund um unseren Globus beobachten, leider aber auch in vielen deutschen Familien, in denen körperliche oder seelische Gewalttätigkeit von Generation zu Generation weitergereicht werden.

Den Hass überwinden. Daher ist es unser aller Aufgabe, uns unseren inneren Dämonen und Poltergeistern zu stellen und etwas für deren

Auflösung zu tun. Das braucht nicht unbedingt ein ausgiebiges Reden über die traumatischen Erinnerungen zu sein. Oft ist es hilfreicher, in der Gegenwart Ansatzpunkte zu finden, wie Denk-, Fühl-, Verhaltens- und körperliche Muster in einer konstruktiven Weise verändert werden können (also wie man z. B. Ängste überwinden oder in der Familie anders miteinander umgehen kann). Wenn Sie sich auf diesen Weg machen möchten, kann es nützlich sein, zu bedenken:»Hass wird nie durch Hass beendet. Durch Liebe allein kann Hass überwunden werden. Dies ist ein ewiges Gesetz.«(Dhammapada, 5. Vers) Um anderen Menschen und der Welt insgesamt Liebe, Akzeptanz und Mitgefühl entgegenbringen zu können, ist es wichtig, zunächst einmal für sich selbst und den eigenen Körper Liebe, Akzeptanz und Mitgefühl zu entwickeln.

Wieder einen vertrauensvollen Kontakt zum eigenen Körper finden

Entfremdung vom eigenen Körper. Menschen, die schwere Traumata erlebt haben, sind oft vom eigenen Körperempfinden stark entfremdet. Es fällt ihnen schwer, ihren Körper überhaupt zu spüren oder gar gern zu haben, sodass sie oft nicht in der Lage sind, angemessen für ihre eigenen Bedürfnisse zu sorgen. In mehreren Kapiteln dieses Buches finden Sie Übungen, die für solche Menschen hilfreich sein können, um schrittweise wieder einen vertrauensvollen Kontakt zum eigenen Körper aufzunehmen.

Körperorientierte Traumatherapie. In der Psychotherapie gibt es mittlerweile körperorientierte Verfahren, die speziell für die Arbeit mit traumatisierten Menschen entwickelt worden sind, wie z. B. das sogenannte»Somatic Experiencing« nach Peter Levine (2011). Bei dieser Methode soll durch eine Unterstützung des Gewahrseins der eigenen Körperempfindungen und -bewegungen die lebendige, instinktgeleitete Selbstregulation des Organismus in sanfter Weise wieder hergestellt werden, sodass wieder Vertrauen entsteht in die Fähig-keit des Körpers, für sein Wohlgefühl zu sorgen. Auch die anderen körpertherapeutischen Verfahren, die ich in diesem Buch kurz vorstellte (von Feldenkrais oder Qigong bis hin zu Tanztherapie oder Gesangsunterricht), können für Menschen mit Traumata in vielen Fällen sehr hilfreich sein, um wieder einen lebendigen und wertschätzenden Zugang zu ihrem Körpererleben zu finden. Wenn Sie unter starken Ängsten oder Schwierigkeiten im sozialen Kontakt leiden, sollten Sie sich jedoch möglichst einen Trainer oder Therapeuten suchen, der Erfahrung in der Arbeit mit traumatisierten Menschen hat und auf Ihre Bedürfnisse entsprechend eingehen kann. In der Regel ist es möglich, erst einmal ganz unverbindlich eine Probestunde mitzumachen, um einen Eindruck zu bekommen, ob der Trainer und das Übungsumfeld für Sie passend sind.

Kraftvoll und wehrhaft werden. Menschen mit Gewalterfahrung profitieren oft auch sehr gut davon, sich mit Kampfkünsten zu beschäftigen, um wieder Zugang zum Erleben der eigenen körperlichen Kraft und Wehrhaftigkeit zu bekommen. In diesem Sinn kann z. B. auch die in Kapitel 8 beschriebene Energieübung »Karate-Schrei« eingesetzt werden. Dabei ist jedoch unbedingt Folgendes zu beachten: Menschen mit Gewalterfahrung haben oft große Schwierigkeiten damit, klare Grenzen zu setzen und rechtzeitig Nein zu sagen, wenn ihnen etwas nicht guttut. Sie neigen häufig dazu, massiv über ihre eigenen Grenzen zu gehen. In diesem Fall ist es nicht ratsam, gleich mit »Vollkontakt-Karate« anzufangen oder eine Schule aufzusuchen, die damit wirbt, Weltmeister im Thaiboxing hervorzubringen, und in der lauter sehr ambitionierte, muskulöse junge Männer »hartes Kampftraining« absolvieren. Hilfreicher ist es, sich einen Trainer zu suchen, der neben dem Kampfkunsttraining auch »langsame« Methoden wie Taijiquan oder Meditation anbietet und der im Training Wert auf einen achtsamen und respektvollen Umgang miteinander legt. Sie sollten vertrauensvoll mit ihm über Ihren traumatischen Hintergrund sprechen können (z. B. wenn Sie Angst vor Partnerübungen haben) und den Eindruck haben, dass er angemessen darauf eingeht und Ihnen einen sicheren Rahmen bietet, in dem Sie sich den neuen Erfahrungen schrittweise nähern können.

Ein geschützter Rahmen gibt Ihnen die Möglichkeit, sich Ihrer Angst und Ihrem Schmerz zu stellen, wenn Sie von einem Übungspartner körperlich angegriffen werden, sich aber von Ihren Gefühlen dabei nicht überschwemmen oder überwältigen zu lassen, sondern durchzuatmen und durch gezieltes Üben zu lernen, wie Sie innerlich ruhig bleiben und wieder in einen souveränen, gut balancierten und beweglichen körperlichen Zustand kommen können. Ziel ist es nicht, brutal oder aggressiv zu werden, sondern sich angesichts eines Angriffs wirksam verteidigen sowie effektiv, kraftvoll und liebevoll handeln zu können. Hasserfülltes und brutales Handeln ist kein Zeichen von Stärke, sondern in der Regel etwas, was Menschen tun, um ihre Angst, Hilflosigkeit oder Überforderung zu überdecken. Der Weg der Heilung führt über die Verbindung von innerer Kraft und Liebe. In diesem Sinne hat z. B. der Aikido-Trainer Paul Linden (2007) eine Methode zur Selbststärkung für traumatisierte Menschen entwickelt, die er »Being in Movement« nennt. Möglicherweise gibt es in Ihrer Nähe einen Kampfkunsttrainer, der auch begleitende Gespräche anbietet (im Sinne einer Wegbegleitung) oder sogar über eine psychotherapeutische Ausbildung verfügt (da lohnt sich eine kleine Internet-Recherche im näheren Umkreis).

Auf jeden Fall sollten Sie ein längerfristiges Training anstreben! Nur durch langfristiges Üben werden Reflexe ausgebildet, die automatisch und schnell verfügbar sind (etwa auf einen unerwarteten Schlag oder Tritt instinktiv reagieren zu können, ohne lange überlegen zu müssen). Selbstverteidigungskurse, die nur wenige Tage dauern, vermitteln oft in erster Linie sehr brutale Techniken (»den Gegner schnell und effektiv außer Gefecht setzen«, z. B. durch einen potenziell tödlichen Schlag gegen den Kehlkopf oder durch einen Tritt in die Hoden). Das kann ein falsches Gefühl der Sicherheit vermitteln (»Ich kann das ja jetzt, ich habe ja im Kurs auch ein Brettchen durchgehauen«), ohne eine wirklich nachhaltig verfügbare Wehrhaftigkeit aufzubauen, die auch von innerer Überzeugung getragen wird und auf normale Alltagssituationen anwendbar ist. Angreifer ist nämlich in den allermeisten Fällen nicht der ominöse schwarz vermummte Unbekannte, der nachts aus dem Gebüsch springt, sondern der Nachbar, der Onkel, der Lebenspartner oder der gute Bekannte, mit dem man gerade noch so nett ein Bierchen getrunken hatte, bevor die Situation außer Kontrolle geriet.

Weitere Anmerkungen dazu finden Sie auch in Kapitel 9, das ich traumatisierten Menschen ganz besonders ans Herz legen möchte. Ein Training von Standsicherheit, aufrechter und selbstbewusster Körperhaltung (wie z. B. im Taijiquan) ist gerade für den Aspekt der Selbstverteidigung von grundlegender Bedeutung.

Der Hoffnung wieder Raum geben. Auch wenn es anfangs schwerfällt, sich auf solche neuen und ungewohnten Erfahrungen einzulassen: Finden Sie den Mut, sich mit Ihrem Körper wieder vertraut zu machen und zu befreunden, und suchen Sie sich bei Bedarf eine einfühlsame therapeutische Begleitung, die Ihnen dabei hilft, sich der ganzen Fülle des Lebens wieder zuzuwenden. Es lohnt sich! Wenn Sie noch mehr zum Thema Trauma lesen möchten, finden Sie im Anhang einige Literaturtipps.

Anhang

Übungsübersicht

Möchten Sie weiterlesen?

Körperwahrnehmung

Storch, M. (2011). Das Geheimnis kluger Entscheidungen. Von Bauchgefühl und Körpersignalen. München: Piper. Ein sehr gut lesbares und amüsantes Buch, in dem u. a. das Konzept der somatischen Marker nach Damasio genauer erklärt wird.

Schmerz

Phillips, M. (2013). Chronische Schmerzen behutsam überwinden. Anleitungen zur Selbsthilfe (2. Aufl.). Heidelberg: Carl-Auer. Dieses Buch ist eine reiche Fundgrube für Betroffene. Es enthält zahlreiche hilfreiche Übungen, die man selbst durchführen kann, um Erleichterung von den Schmerzen zu erfahren und eine liebevolle und fürsorgliche Beziehung zum eigenen Körper aufzunehmen.

Seemann, H. (2011). Mein Körper und ich – Freund oder Feind? Psychosomatische Störungen verstehen. Stuttgart: Klett-Cotta. Die Psychotherapeutin Hanne Seemann hat für Menschen, die unter Schmerzen ohne klare organische Ursache leiden, sehr warmherzige und lebenserfahrene Bücher geschrieben. Sie beschreibt verschiedene Typen von Rhythmusstörungen, die anhaltenden psychosomatischen Beschwerden oft zugrunde liegen und zeigt Wege auf, wie diesen entgegengewirkt werden kann.

Sexualität

Clement, U. (2008). Guter Sex trotz Liebe. Wege aus der verkehrsberuhigten Zone. Berlin: Ullstein. Falls Sie zu den Paaren gehören, die sich innig lieben und harmonisch zusammenleben, aber sexuell irgendwie nicht mehr recht in Fahrt kommen, finden Sie hier viele Anregungen zur (Wieder-)Belebung Ihres Liebeslebens.

Ludwig, B. (2008). Anleitung zur sexuellen Unzufriedenheit – ein Seminarkabarett-Comic. München: Goldmann. Ein sehr witziges Buch in Comic-Form, das aber nicht nur zu herzhaftem Gelächter anregt, sondern nebenbei auch jede Menge fundiertes sexualtherapeutisches Grundlagenwissen vermittelt. Auch geeignet für Leute, die sonst keine Comics lesen.

Schnarch, D. (2009). Die Psychologie sexueller Leidenschaft. München: Piper. Ein sehr inspirierendes Buch, wenn Sie gerne auch längere Texte lesen und tiefgründigen Gedanken folgen. Der Autor hat langjährige Erfahrung in der Sexualtherapie und bezieht teilweise auch Körperübungen mit in die Arbeit ein.

Trauma

Frankl, V. E. (1977) … trotzdem Ja zum Leben sagen. Ein Psychologe erlebt das Konzentrationslager. München: Kösel. Der Wiener Neurologe und Psychiater Viktor Frankl erzählt in diesem zu Recht berühmt gewordenen Buch von seiner Zeit als »Häftling Nr. 119 104« im Konzentrationslager. Später begründete er die sogenannte »Logotherapie«, eine Form der Psychotherapie, die sich mit Sinnfragen beschäftigt.

Furman, B. (1999). Es ist nie zu spät, eine glückliche Kindheit zu haben. Dortmund: Borgmann. Für dieses inspirierende Buch hat der psychiatrische Facharzt Ben Furman viele Fallbeispiele gesammelt von Menschen, die es geschafft haben, am Leid ihrer Vergangenheit nicht zu zerbrechen, sondern es als Quelle der Kraft zu nutzen.

Huber, M. (2005). Der innere Garten. Ein achtsamer Weg zur persönlichen Veränderung. Paderborn: Junfermann. Michaela Huber ist eine sehr erfahrene Traumatherapeutin und beschreibt in diesem Buch zahlreiche hilfreiche Übungen, die eine Traumatherapie gut ergänzen und die auch mit Hilfe der beiliegenden CD geübt werden können.

Linden, P. (2007). Das Lächeln der Freiheit. Selbststärkung und Körperbewusstsein. Ein Leitfaden zur Traumabewältigung. Freiburg: Arbor. Der Autor ist Kampfkunstlehrer (Aikido) und hat ein spezielles Körperbewusstseinstraining für traumatisierte Menschen entwickelt, das er »Being in Movement« (BIM) nennt. Bitte beachten Sie: Der Ansatz beinhaltet das Üben von Verteidigungsmöglichkeiten gegen körperliche Angriffe, und in den Fallbeispielen wird teilweise sehr konkret von sexuellen Missbrauchserfahrungen der Patienten und den damit einhergehenden Körperempfindungen berichtet. Sie sollten daher dieses Buch nur lesen, wenn Sie sich in der Lage fühlen, mit solchen Schilderungen umgehen zu können.

⬇ Hinweise zum Online-Material

Sie können alle Übungen über unsere Internetseite (http://www.beltz.de) herunterladen und ausdrucken. Sie kommen zu den Materialien, indem Sie auf die Seite des Titels gehen, den Link zu den Materialien anklicken und dann folgendes Passwort eingeben: kTh29RgF (Groß- und Kleinschreibung beachten)

Dann können Sie die gewünschten Materialien öffnen und die pdf-Dateien über die Druckfunktion des Browsers ausdrucken. Wenn Sie die Seite schließen, kommen Sie zurück zur Inhaltsübersicht. Da das Online-Material nur so lange zur Verfügung steht, wie das Buch lieferbar ist, empfehlen wir Ihnen, sich die gesamten Materialien herunterzuladen und auf dem eigenen Rechner zu speichern.

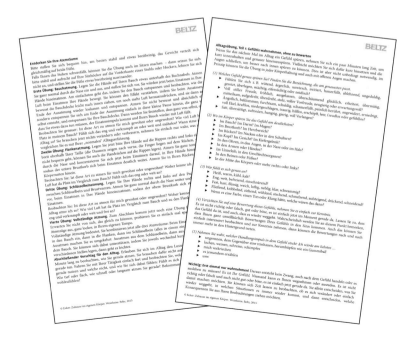

Literaturverzeichnis

Damasio, A. (1994). Descartes' Irrtum. Fühlen, Denken und das menschliche Gehirn. München: List.

Bloch, Susana (1986). Approches pluridisciplinaires de l'émotion. Modèles effecteurs des émotions fondamentales: Relation entre rythme respiratoire, posture, expression faciale et éxperience subjective. Bulletin de psychologie, 377(39), 16–18.

Downing, G. (1996). Körper und Wort in der Psychotherapie. Leitlinien für die Praxis. München: Kösel.

Ekman, Paul (2003). Gefühle lesen. Heidelberg: Spektrum Akademischer Verlag.

Giesen, M. D. (2014). Persönliche Mitteilung.

Karch, D. (2001). Entwicklung der Körperwahrnehmung und der Motorik. Vortrag zum Fortbildungsseminar:»Wahrnehmungsentwicklung und Wahrnehmungsstörungen« anläßlich des 20-jährigen Bestehens des Kinderzentrums Maulbronn im März 2000 und im März 2001. [http://www.kize.de/5-downloads/publikation03.pdf]

Levine, P. A. (2011). Sprache ohne Worte. Wie unser Körper Trauma verarbeitet und uns in die innere Balance zurückführt. München: Kösel.

Linden, P. (2007). Das Lächeln der Freiheit. Selbststärkung und Körperbewusstsein. Ein Leitfaden zur Traumabewältigung. Freiburg: Arbor.

Niemeyer, H.-H. (2014). Persönliche Mitteilung.

Nilges, P. & Traue, H. C. (2007). Psychologische Aspekte des Schmerzes. Verhaltenstherapie und Verhaltensmedizin 28(3), 302–322.

Phillips, M. (2013). Chronische Schmerzen behutsam überwinden. Anleitungen zur Selbsthilfe (2. Aufl.). Heidelberg: Carl-Auer.

Schmidt, G. & Müller-Kalthoff, B. (Hrsg.). (2014). Gut beraten in der Krise: Konzepte und Werkzeuge für ganz alltägliche Ausnahmesituationen (3. Aufl.). Bonn: ManagerSeminare-Verlag.

Schnarch, D. (2009). Die Psychologie sexueller Leidenschaft. München: Piper.

Storch, M. (2011). Das Geheimnis kluger Entscheidungen. Von Bauchgefühl und Körpersignalen. München: Piper.

Storch, M., Cantieni, B., Hüther, G.& Tschacher, W. (2011): Embodiment: Die Wechselwirkung von Körper und Psyche verstehen und nutzen. Bern: Huber.

Sachwortverzeichnis

Achtsamkeit für Einsteiger

Im Augenblick leben, achtsam sein, wissen, wer man ist, im Einklang mit seinen Werten leben – wer möchte das nicht? Eine achtsame Haltung hilft, wenn es im Leben einmal nicht so rund läuft und man von Problemen und Sorgen bedrängt wird.

Dieser Ratgeber hilft, mit belastenden Situationen im Leben achtsam umzugehen und dadurch wieder mehr Lebensqualität und Unabhängigkeit zu erlangen – eben im Augenblick zu leben. Das 9-Wochen-Programm kombiniert Achtsamkeitsübungen mit Elementen der Akzeptanz- und Commitmenttherapie (ACT). Sie lernen damit, wie Sie Ihre Gedanken wahrnehmen, ohne sie zu bewerten, wie Sie im Hier und Jetzt leben können. Wenn Sie täglich nur ein paar Minuten investieren, werden Sie entdecken, was in Ihrem Leben wirklich wichtig ist. So lernen Sie, achtsam mit sich zu sein und nicht mehr mit belastenden Gedanken zu kämpfen.

Bohlmeijer • Hulsbergen
Im Augenblick leben
In 9 Wochen zu mehr
Achtsamkeit mit der Akzeptanz-
und Commitmenttherapie

Mit Online-Material zum Download
1. Auflage 2015
183 Seiten. Gebunden
ISBN 978-3-621-28184-3

Dieses Buch ist auch als E-Book
erhältlich.
ISBN 978-3-621-28227-7 (PDF)
ISBN 978-3-621-28228-4 (ePub)

Verlagsgruppe Beltz • Postfach 100154 • 69441 Weinheim • www.beltz.de

Genuss kann man lernen

Eva Koppenhöfer
Mit allen Sinnen genießen
Mehr Lebensqualität durch
bewussten Genuss.
Audio-Ratgeber mit Übungen
2014. 12-seitiges farbiges Booklet.
Laufzeit: 78 Minuten
ISBN 978-3-621-28147-8

Die Fertigkeit zu genießen kommt uns oftmals abhanden oder wir haben uns zu wenig um sie gekümmert. Bewusstes genussvolles Erleben kann jedoch helfen, im Lot zu bleiben: Wer immer wieder oder gar ausschließlich mit belastenden Anforderungen konfrontiert ist, kann durch eine Erhöhung der Genussfähigkeit Stress entgegenwirken.

Eva Koppenhöfer erklärt Ihnen, was genau Genuss eigentlich ist. Sie gibt Ihnen Anregungen, wie Sie Ihre Genussfähigkeit ausweiten, intensivieren und für sich stimmig machen können. Mit vielen Vorstellungsübungen zu den Bereichen Riechen, Tasten, Schmecken, Sehen und Hören können Sie Ihre Sinne schärfen und Ihre Umwelt bewusster wahrnehmen.

Verlagsgruppe Beltz • Postfach 100154 • 69441 Weinheim • www.beltz.de

Den Stress an der Wurzel packen mit Strategien der DBT

Christy Matta
Aktiv gegen Stress
Wie Sie Stresssituationen
erkennen und meistern
Strategien der Dialektisch-
Behavioralen Therapie
2014. Ca. 256 Seiten. Gebunden
ISBN 978-3-621-28136-2

Dieses Buch ist auch als E-Book
erhältlich.
ISBN 978-3-621-28177-5 (PDF)
ISBN 978-3-621-28178-2 (ePub)

Unser Alltag birgt vielfältige Stresssituationen. Wir fühlen uns oft wie der Hamster im Rad und wollen am liebsten nur noch flüchten. Wie können wir das ändern? Wie können wir stärker werden und den Stress wirksam anpacken?

Der Ratgeber hilft anhand zahlreicher Übungen und Beispiele, das oft schematisch ablaufende persönliche Stresserleben und die Reaktionen darauf zu untersuchen. Verstehen wir diese Verhaltensmuster, können wir sie durchbrechen und sind dem Stress nicht länger hilflos ausgeliefert. Dazu werden ressourcenorientierte Strategien und Fertigkeiten vermittelt, um Stresssituationen effektiv zu bewältigen, ihnen aktiv und konstruktiv entgegenzutreten sowie emotionale und körperliche Stressreaktionen zu minimieren.

Verlagsgruppe Beltz · Postfach 100154 · 69441 Weinheim · www.beltz.de